Die französische Originalausgabe erschien 2009 bei Éditions MILAN –
300, rue Léon-Joulin, 31101 Toulouse Cedex 9, Frankreich unter dem Titel
Le livre des traces et empreintes © Éditions MILAN.

Autor: David Melbeck
Illustration: Amandine Labarre, Stéphane Sénégas
Satz und Covergestaltung: Graphicat, GrafikwerkFreiburg
Übersetzung: Dagmar Fischer
Redaktion: Susanne Weisser

Rechte der deutschen Ausgabe:
© 2011 Christophorus Verlag GmbH & Co. KG, Freiburg i. Br.
www.christophorus-verlag.de

ISBN 978-3-8411-0076-4
Art.-Nr. VB110076

Printed in Italy

David Melbeck

SPUREN LESEN

Geheimtipps für Fährtensucher

Illustriert von Amandine Labarre
und Stéphane Sénégas

Ins Deutsche übersetzt von
Dagmar Fischer

 INHALTSVERZEICHNIS

SPURENLESER WERDEN

Nicht nur im tropischen Regenwald,
auch hier bei uns leben viele kleine und große Tiere. Von den meisten
weißt du wahrscheinlich gar nicht, dass es sie gibt. Aber sie sind ganz
in deiner Nähe und können dir erstaunliche Geheimnisse verraten.
Du musst nur lernen, genau hinzusehen. Wildtiere leben im Verborgenen.
Deshalb ist es schwierig, sie zu beobachten.
Aber sie hinterlassen zahlreiche Spuren. An diesen Spuren kannst du
erkennen, wie sie leben und was sie tun. Werde zum Naturdetektiv und
untersuche die Zeichen, die die Tiere zurücklassen: ihre Fußabdrücke,
ihre Nester und die Überreste ihrer Mahlzeiten. Mit ein bisschen
Geduld kannst du schon bald jedes ihrer Zeichen verstehen.
Lerne eine einzigartige, unbekannte Welt kennen und lass deinem
Forschergeist freien Lauf!

Kleines Naturmuseum

Mit diesem Buch kannst du dir Schritt für Schritt eine eigene
Spuren- und Zeichensammlung anlegen: Lerne, wie man
einen Abguss von Fußabdrücken herstellt, wie man Tannenzapfen
aufbewahrt und wie man Federn reinigt und sortiert.
Mithilfe vieler Ideen und Techniken kannst du dir ein richtiges,
kleines Naturmuseum einrichten.
Versuch es doch mal mit einer kleinen Ausstellung für
deine Freunde, Eltern und Nachbarn. So können auch sie etwas
über die Natur, in der wir leben, lernen.

AUF SPURENSUCHE

Welches Tier kam hier vorbei? Was hat es gemacht? Und wo ist es hingegangen?
Wenn du weißt, was die Spuren der Tiere bedeuten, können sie dir viel verraten:
wie viele Tiere es gibt, welche Gewohnheiten sie haben und wie sie leben. Außerdem
wirst du lernen, sie in ihrem natürlichen Lebensraum zu beobachten, ohne sie zu stören.
Auf geht's, du bist schon auf der richtigen Spur!

GRUNDAUSRÜSTUNG EINES NATURDETEKTIVS

Bevor du dich wie ein richtiger Spurenleser ins Abenteuer stürzt, brauchst du eine Ausrüstung:

eine Pinzette;

Stifte;

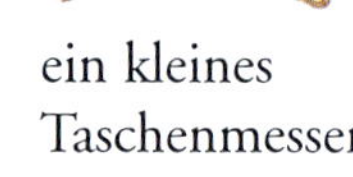

eine Lupe
zum Untersuchen von
kleinen Gegenständen;

einen Meterstab
oder Messschieber;

kleine Naturführer;

ein Notizbuch;

festes
Schuhwerk;

ein kleines
Taschenmesser;

einen Rucksack, um Bücher,
Material und Fundsachen zu
transportieren;

kleine Sammelgefäße (Babygläschen,
Fotofilmdosen) und verschiedene
Tüten und Beutel, damit du deine
Entdeckungen mitnehmen kannst;

eine digitale Fotokamera, falls du das
Glück hast, eine zu besitzen. Damit
kannst du deine Notizen ergänzen,
eine unbekannte Spur fotografieren
oder dir eine Bildersammlung anlegen;

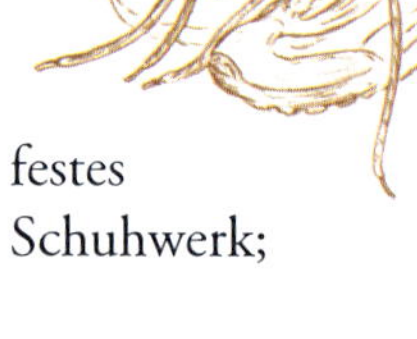

einen
Stock;

geländetaugliche Kleidung
mit vielen Taschen.

EINE SPUR FINDEN

Fußspuren zählen zu den wichtigsten Hinweisen. Sie verraten dir, ob irgendwo ein Tier vorbeigekommen ist!

Wildwechsel

🐾 Wildtiere sind Gewohnheitstiere: Wenn sie ihr Revier durchstreifen, benutzen sie immer die gleichen Wege.

🐾 Im Laufe der Zeit sieht man dem Boden die häufige Benutzung an: Das Gras ist niedergedrückt und es bildet sich ein kleiner Pfad. Diesen nennt man Wildwechsel.

Kleine Gewohnheiten

Wenn ein Reh aus dem Dickicht auf eine Wiese tritt, verlässt es den Wald immer an derselben Stelle. Der Fuchs benutzt meistens denselben Weg, wenn er unter einem Zaun hindurchkriecht, und auch der Dachs überquert eine Straße fast immer an derselben Stelle.

Wildwechsel aufspüren

🐾 Suche entlang von Wegen, in der Nähe von Baumgruppen, Hecken, Wasserstellen und am Waldrand: An diesen Stellen sind die Chancen, Wildwechsel zu entdecken, am größten.

🐾 Um herauszufinden, welche Tiere die Wege benutzen, musst du sie genau untersuchen: Kannst du Fußspuren sehen? Oder gibt es andere Hinweise wie Kot oder Fraßspuren? Findest du Haare an stacheligen Sträuchern oder Zäunen?

MINISPUREN

Untersuche den Boden im Winter: Bestimmt entdeckst du schnell viele winzige Pfade, die alle zu kleinen »Mäuselöchern« führen. Das ist das »Straßennetz« von Feldmäusen.

FUSSABDRÜCKE

Fußabdrücke verraten viel darüber, wer an einer bestimmten Stelle vorbeigekommen ist.

HUFABDRÜCKE

Manche Säugetiere nennt man »Huftiere«, weil sie auf ihren verhornten Zehen laufen: den Hufen oder Klauen. Ihre Abdrücke bestehen aus zwei Teilen, den beiden sogenannten Schalen.

WO KANNST DU NACH HUFSPUREN SUCHEN?

Hufspuren findest du am einfachsten entlang von Wildwechseln, in der Nähe von Wasserpfützen, auf schlammigen Wegen, am Ufer von Wasserstellen, an sandigen Stellen, an Böschungen und in Gräben. Da viele Tiere vor allem nachts unterwegs sind, findest du frische Spuren wahrscheinlich am besten frühmorgens.

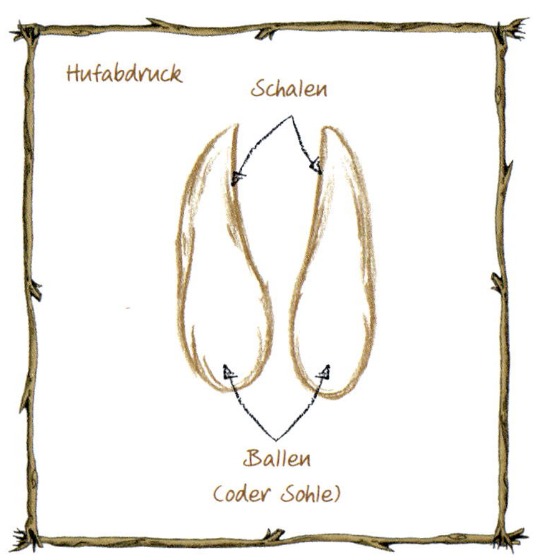

SCHALENWILD

Reh
Der Huf des rund 20 kg schweren Rehs hat zwei schmale Schalen. Diese hinterlassen zierliche, kleine Abdrücke.

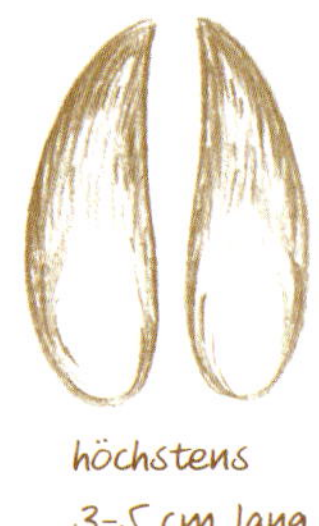

Hirsch
Der Abdruck sieht sehr regelmäßig und fast rechteckig aus. Ein Hirsch kann bis zu 350 kg wiegen!

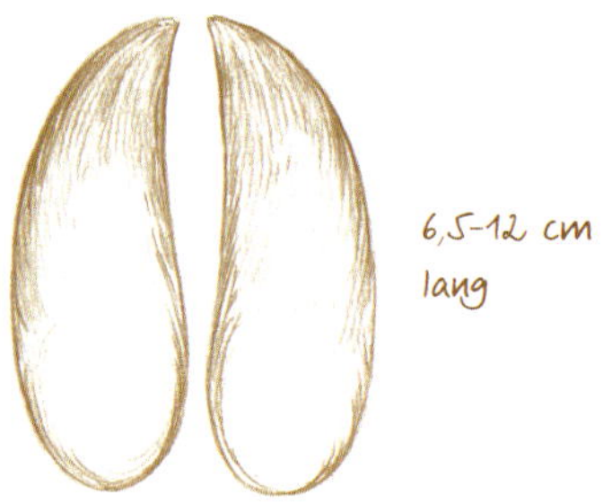

Wildschwein
Huftiere haben Afterklauen, die höher am Fuß sitzen. Bei den Fußabdrücken von Wildschweinen sind sie fast immer gut erkennbar. Außerdem sind die Schalen ziemlich rund und weniger lang gezogen als beim Hirsch.

Gämse
Gämsen leben in den Bergen. Ihre zierlichen Schalen sind oft weit gespreizt.

ACHTUNG: NUTZTIERE!

In der Natur findest du viele verschiedene Spuren. Aber nicht alle stammen von wilden Tieren. Viel häufiger sogar wirst du auf die Spuren von Haustieren stoßen. Lass dich nicht in die Irre führen!

10–12 cm lang und fast genauso breit!

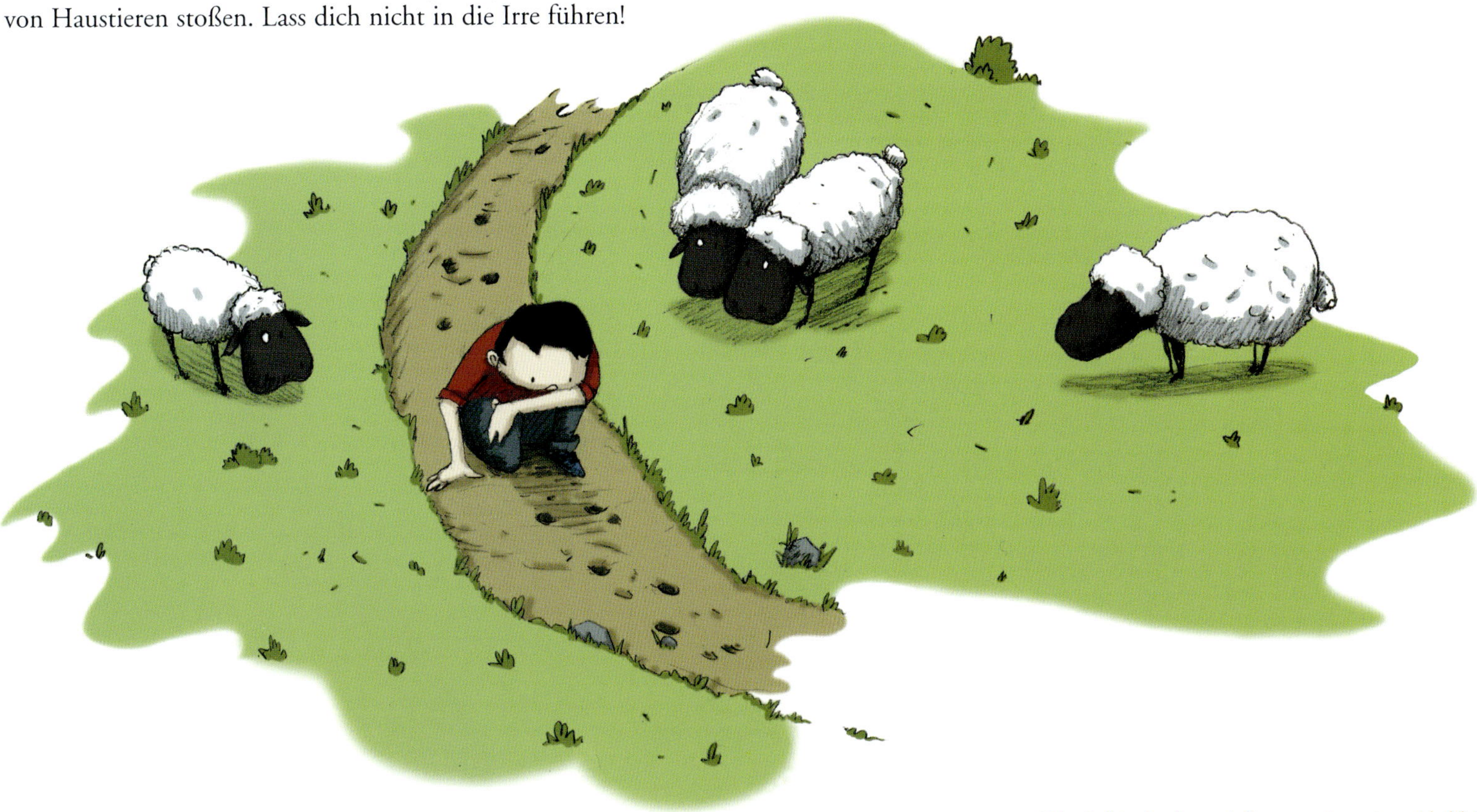

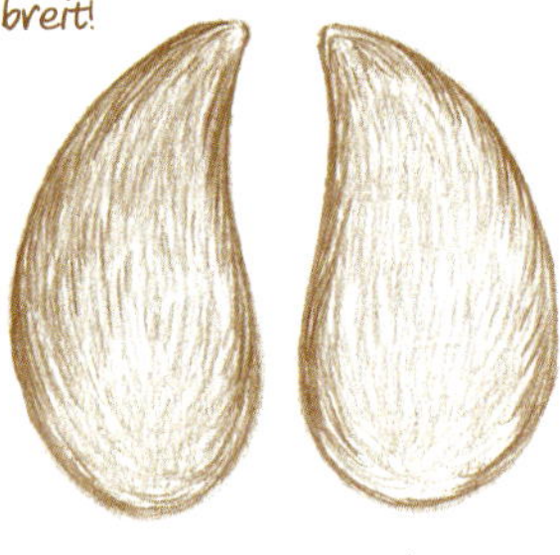

Kuh

Die Kuh ist ein sehr schweres Tier. Deshalb hinterlässt sie mit ihren sehr breiten Schalen deutliche Spuren.

Pferd

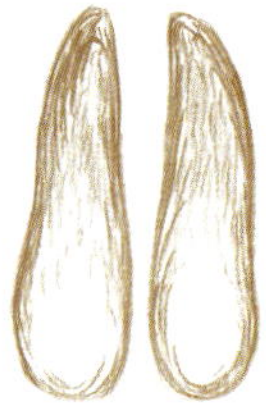

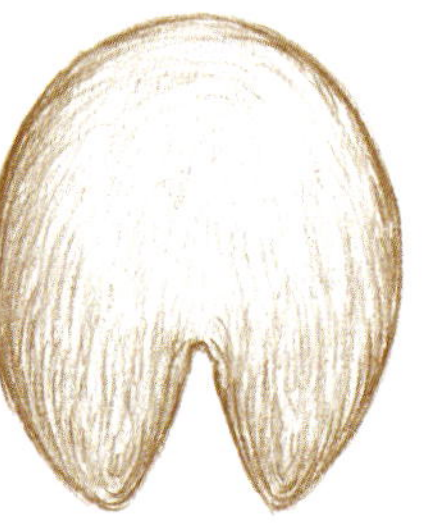

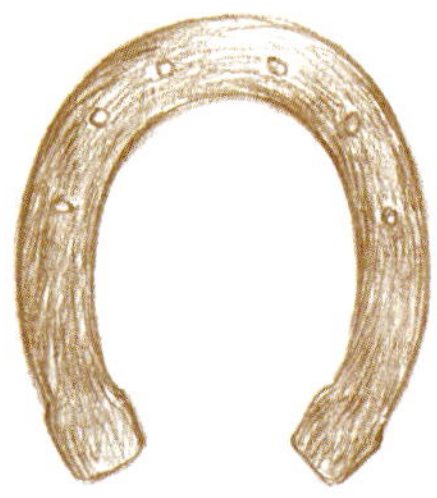

Das Pferd kannst du an seinen Hufeisen sehr einfach erkennen! Wenn es nicht beschlagen ist, hinterlassen seine Hufe einen kreisrunden Abdruck.

Die Größe ist je nach Rasse sehr unterschiedlich.

5–6 cm lang

Schaf

Die Schalen sind breiter und weniger rundlich als beim Reh. Außerdem laufen sie sehr viel spitzer zu.

IM GELÄNDE

Oft sehen die in den Büchern abgebildeten Abdrücke viel besser aus als die Abdrücke in der Natur. »In echt« sind viele von ihnen nur teilweise zu erkennen. Sie werden vom Wetter zerstört, von Halmen bedeckt oder auch zertrampelt. Untersuche deshalb mehrere Abdrücke, um sicher zu sein, von welchem Tier sie stammen.

WILDSCHWEINEN AUF DER SPUR

Wildschweine sind sehr verbreitete Tiere. Wenn du in den Wäldern spazieren gehst, findest du sicher Spuren von ihnen. Diese neun Merkmale deuten auf Wildschweine hin:

Wildwechsel

Wildschweine sind meistens in einer Gruppe unterwegs. Eine solche Gruppe nennt man Rotte. Ihre Wildwechsel sind deutlich zu erkennen. Der Boden ist oft völlig kahl und die Abdrücke sind gut zu sehen. Folge diesen Spuren, um noch mehr Hinweise zu finden.

Abdrücke

Männliche Wildschweine heißen Keiler. Bei ihnen kannst du seitlich von den beiden Schalen die Abdrücke der Afterklauen erkennen.

Weibliche Wildschweine heißen Bachen. Bei ihnen befinden sich die Abdrücke der Afterklauen hinter den Schalen, nicht seitlich von ihnen.

Suhle

Eine Suhle ist ein Schlammloch im Boden. Es füllt sich oft mit Wasser, und die Wildschweine lieben es, sich darin zu wälzen. Dadurch befreien sie sich von Ungeziefer.

Mahlbäume

Nach ihrem Schlammbad scheuern sich Wildschweine gern an Bäumen. Diese Bäume zeigen daher in einer Höhe von bis zu 60 cm über dem Boden deutliche Spuren: Die Rinde ist abgeschabt und mit Schlamm verschmutzt.

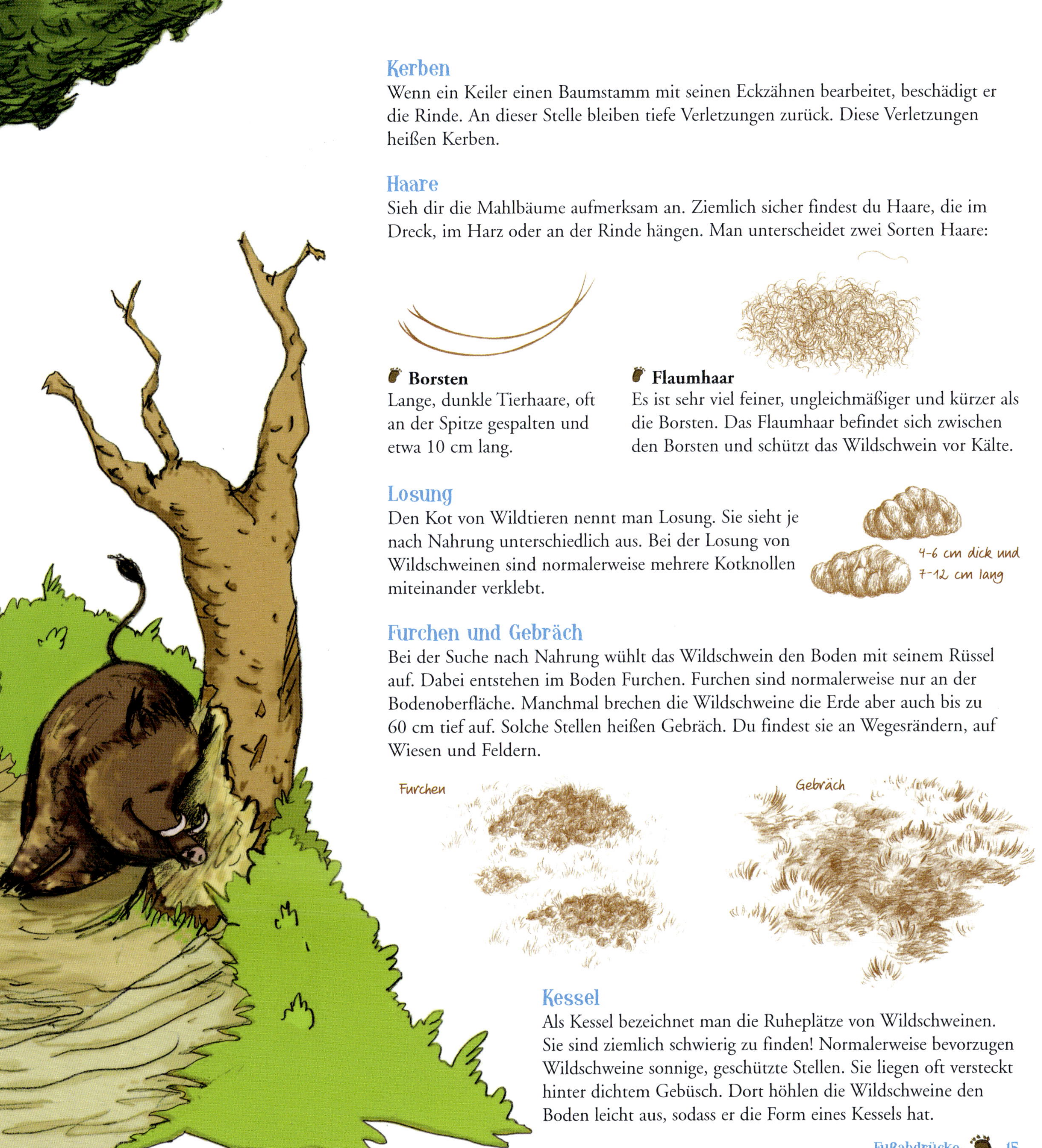

Kerben

Wenn ein Keiler einen Baumstamm mit seinen Eckzähnen bearbeitet, beschädigt er die Rinde. An dieser Stelle bleiben tiefe Verletzungen zurück. Diese Verletzungen heißen Kerben.

Haare

Sieh dir die Mahlbäume aufmerksam an. Ziemlich sicher findest du Haare, die im Dreck, im Harz oder an der Rinde hängen. Man unterscheidet zwei Sorten Haare:

Borsten

Lange, dunkle Tierhaare, oft an der Spitze gespalten und etwa 10 cm lang.

Flaumhaar

Es ist sehr viel feiner, ungleichmäßiger und kürzer als die Borsten. Das Flaumhaar befindet sich zwischen den Borsten und schützt das Wildschwein vor Kälte.

Losung

Den Kot von Wildtieren nennt man Losung. Sie sieht je nach Nahrung unterschiedlich aus. Bei der Losung von Wildschweinen sind normalerweise mehrere Kotknollen miteinander verklebt.

Furchen und Gebräch

Bei der Suche nach Nahrung wühlt das Wildschwein den Boden mit seinem Rüssel auf. Dabei entstehen im Boden Furchen. Furchen sind normalerweise nur an der Bodenoberfläche. Manchmal brechen die Wildschweine die Erde aber auch bis zu 60 cm tief auf. Solche Stellen heißen Gebräch. Du findest sie an Wegesrändern, auf Wiesen und Feldern.

Kessel

Als Kessel bezeichnet man die Ruheplätze von Wildschweinen. Sie sind ziemlich schwierig zu finden! Normalerweise bevorzugen Wildschweine sonnige, geschützte Stellen. Sie liegen oft versteckt hinter dichtem Gebüsch. Dort höhlen die Wildschweine den Boden leicht aus, sodass er die Form eines Kessels hat.

REHEN AUF DER SPUR

Ebenso wie Wildschweine sind auch Rehe weitverbreitete Tiere.
Und auch sie hinterlassen zahlreiche Spuren. Ob du sie finden kannst?

Hufabdruck

Rehbock 

Weibchen 
Die Schalen sind
schmaler und länglicher
als beim Rehbock.

Spuren in Achterform und Kreisform

Wenn du im August die Augen offen hältst, kannst du einen merkwürdigen Wildwechsel entdecken: Mit einem Durchmesser von vier bis sechs Metern führt er in einer Achterform oder kreisförmig um ein Gebüsch, einen Felsen oder einen Baumstumpf herum. Das sind die Laufspuren eines liebestollen Rehpärchens. Vor der Paarung treibt das Männchen das Weibchen nämlich lange Zeit immer im Kreis herum vor sich her!

Liegeplatz

Rehe schlafen immer an unterschiedlichen Orten. Sie richten sich ihren Liegeplatz einfach dort ein, wo es ihnen gerade gefällt: Dazu scharren sie auf dem Boden eine Stelle frei und legen sich hin. Suche also im Wald nach Plätzen, an denen das herumliegende Laub auf einer ungefähr 60 cm langen ovalen Fläche weggescharrt wurde.

Haare

Untersuche die Liegeplätze sorgfältig. Es kann sein, dass du dort Haare findest. Rehhaare sind in der Mitte gewellt und weiß und haben eine rötliche Spitze.

Wildverbiss

Im Winter fressen Rehe und Hirsche
die jungen Triebe von Bäumen und
Sträuchern. Sie knabbern aber nur die
Blätter ab. Die stachligen Teile
und den kleinen Stiel der Blätter
lassen sie übrig: Oben an
der Schnittfläche kannst du
eine ausgerissene
Stelle sehen.

Rehlosung

So nennt man den Kot von Rehen.
Er ist schwarz und besteht aus einem Haufen
kleiner Kügelchen. Jedes Kügelchen
hat ein zugespitztes Ende und ist
etwa 14 mm lang und 10 mm breit.

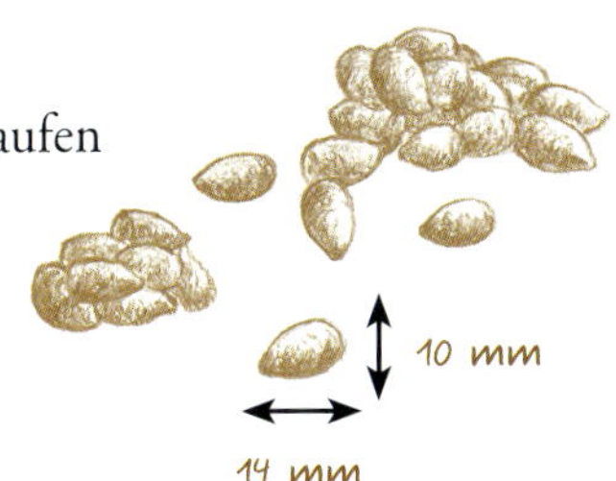

Markierungen

Jeder Rehbock markiert sein Revier.
Diese »Markierungen« sind leicht zu erkennen.

Scharrspuren

Der Rehbock scharrt den Boden kräftig auf,
bis eine freie dreieckige Fläche zu sehen ist.
Du kannst sogar die Furchen erkennen,
die seine Klauen hinterlassen haben.

Scheuerspuren

Rehböcke scheuern ihr Geweih an
jungen Bäumen. Das hinterlässt Spuren
am Baumstamm. In einer Höhe von
20 cm bis 1 m über dem Boden ist die
Rinde aufgerissen. Manchmal hängen
sogar Fetzen herab.

Scharr- und Scheuerspuren

Ab und zu ist sogar beides gleichzeitig
zu sehen! Der Rehbock hat den Boden
aufgescharrt und gleichzeitig sein Geweih
an einem jungen Baum gescheuert.

Das Geweih

Rehböcke verlieren jedes Jahr im
Herbst ihr Geweih. Aber keine Sorge:
Es wächst sofort wieder nach.
Einen solchen Schatz zu finden, ist
schwierig, aber nicht unmöglich!

PFOTENABDRÜCKE

Neben den Hufspuren gibt es noch andere Fußspuren, zum Beispiel Pfotenabdrücke. Dabei stammen die kleinen, runden oder ovalen Abdrücke von den Finger- oder Zehenballen. Jeder einzelne gehört zu einem Tierfinger oder -zeh. An ihrer Form, ihrer Anzahl und ihrer Anordnung kannst du feststellen, von welchem Tier sie sind.

KANNST DU SIE ZUORDNEN?

Zu den Tieren, die Pfotenabdrücke hinterlassen, zählen die sogenannten Fleisch- oder Allesfresser, aber auch Kaninchen und Feldhasen. Hier siehst du, woran du sie erkennen kannst.

Dachs
Fünf Finger. Sehr oft sind auch die Abdrücke der großen Krallen zu erkennen.

Katze
Ziemlich runde Form, vier Finger ohne Krallenabdruck.

Feldhase oder Kaninchen
Spitz zulaufende Form: 4–5 cm lang beim Feldhasen; 3 cm beim Wildkaninchen.

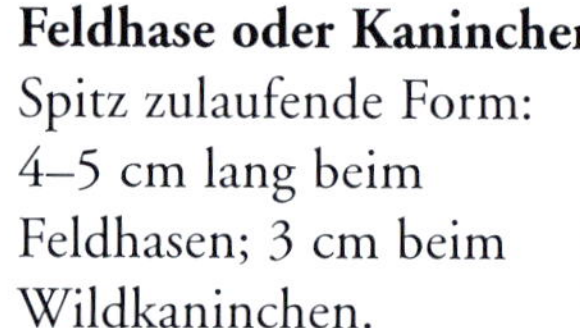

Kleine Mitglieder der Marderfamilie

Die Abdrücke von Marder, Steinmarder, Iltis, Hermelin und Mauswiesel ähneln sich ziemlich: Sie alle haben fünf Finger mit Krallen und manchmal ist der Handwurzelballen sichtbar. Sie unterscheiden sich nur in ihrer Größe.

Steinmarder
Oft in der Nähe von Häusern.

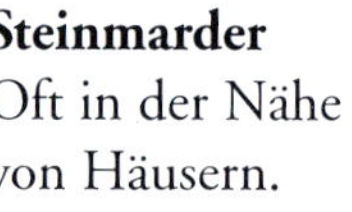

Iltis
Meist in Feuchtgebieten.

Marder
Sehr haarige Pfote.

Ginsterkatze
Keine Krallen.

Hermelin und Mauswiesel
Kleine Abdrücke: 2,5 cm lang beim Hermelin; 1 cm groß, also winzig, beim Mauswiesel.

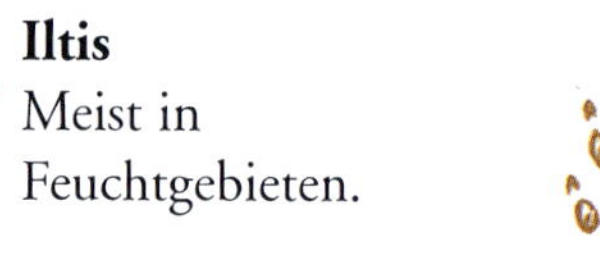

Fuchs oder Hund?

Die Abdrücke vom Fuchs sind ovaler. Stelle dir eine Linie vor, die die obere Spitze der beiden äußeren Zehen miteinander verbindet. Beim Fuchs verläuft diese Linie unterhalb der beiden anderen Zehen. Beim Hund führt sie durch die beiden anderen Zehen hindurch. Beide haben deutlich ausgeprägte Krallen.

Große Raubtiere sind heutzutage sehr selten. Sie leben nur noch in abgelegenen Gebirgsregionen. Die Abdrücke von Luchs und Wolf sehen den Abdrücken von großen Hunden sehr ähnlich.

Luchs
Keine Krallen, runde Ballen, 5,5–8 cm lang.

Großer Hund
Verschiedene Größen.

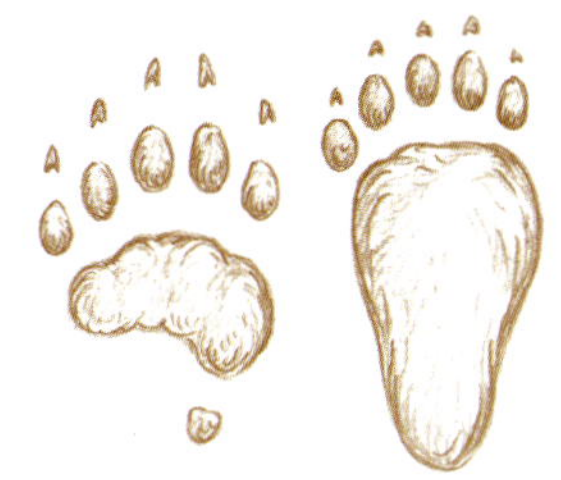

Bär

Wolf
Oft längere und spitzere Krallen; längliche und weit auseinanderliegende Ballen, 7,5–11 cm lang.

Mensch
Dieser Abdruck ist weitverbreitet!

RECHTER ODER LINKER FUSS?
An deiner Hand ist der Daumen der kürzeste Finger. Fleischfresser haben genau wie wir auch fünf Finger. In ihrem Pfotenabdruck ist der Daumen aber nicht immer zu sehen. Deshalb ist der kürzeste Abdruck der des kleinen Fingers.

Abdruck mit vier Fingern

Wenn sich der kürzeste Abdruck – nämlich der vom kleinen Finger – auf der rechten Seite befindet, handelt es sich um eine rechte Pfote. Wenn der kleinste Fingerabdruck auf der linken Seite ist, handelt es sich um eine linke Pfote.

Abdruck mit fünf Fingern

Befindet sich der kürzeste Abdruck – in diesem Fall vom Daumen – auf der rechten Seite, handelt es sich um eine linke Pfote! Ist der Abdruck links, handelt es sich um eine rechte Pfote. Genau wie beim Abdruck deiner Hand.

WINZIGE HÄNDE

Kleine Säugetiere hinterlassen Abdrücke mit vier oder fünf Fingern, die wie winzige Handabdrücke aussehen. Das ist zum Beispiel bei Nagetieren wie der Waldmaus oder der Ratte, aber auch bei Insektenfressern wie dem Igel oder der Spitzmaus der Fall.

FELDMAUS, HAUSMAUS, WALDMAUS

Es ist so gut wie unmöglich, Mäuse allein anhand eines einzelnen Fußabdrucks voneinander zu unterscheiden. Sieh dir deshalb die Spur aller aufeinanderfolgenden Fußabdrücke an. Sie heißt Fährte.

Feldmäuse huschen.

Hausmäuse und **Waldmäuse** hüpfen.

IGEL, EICHHÖRNCHEN, BIBER

Igel springen nie. Ihre Finger sind relativ kurz.

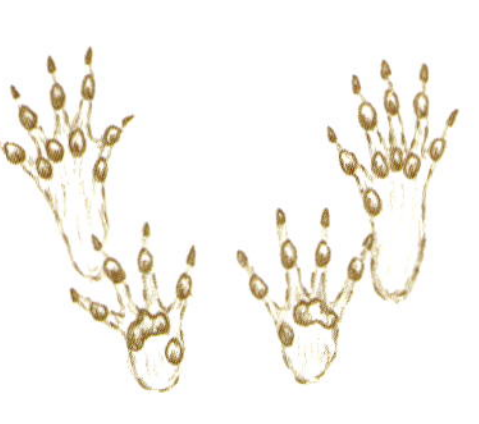

Eichhörnchen bewegen sich immer springend voran.

Biber
Die Hinterpfoten des Bibers sind bis zu 17 cm lang und 10 cm breit. Damit sind sie sehr viel größer als seine Vorderpfoten, die wie richtige kleine Hände aussehen. Die Schwimmhaut der Hinterpfoten ist im Abdruck nicht immer zu sehen.

BISAMRATTE, BIBERRATTE UND WANDERRATTE

Ihre Spuren findest du an schlammigen Ufern von Gewässern.
Wenn du zusätzlich zu den Abdrücken eine Rille bemerkst, ist das ein Hinweis!

Wanderratte

Ihre Spuren sind deutlich kleiner. Die Abdrücke der Hinterpfoten sind höchstens 3 cm lang.

Biberratte

Ihr Schwanz hinterlässt eine durchgezogene Rille. Sie verläuft durch die Fußabdrücke hindurch.

Bisamratte

Die vom Schwanz hinterlassene Rille hat Kurven und verläuft zwischen den Fußabdrücken. Die Vorderpfote hat fünf Finger, aber der kleinste Finger ist nicht immer zu erkennen.

WIE KANNST DU EINEN ABDRUCK MESSEN?

Um die verschiedenen Tierarten voneinander zu unterscheiden, musst du die Größe der Abdrücke messen. Benutze hierfür einen Meterstab oder besser noch einen Messschieber. Messe die äußeren Enden wie in der Zeichnung. Wenn du einen Abdruck fotografierst, solltest du daran denken, eine Vergleichsgröße danebenzulegen, z. B. den Meterstab, eine Münze oder eine Haselnuss.

VOGELSPUREN

Fußabdrücke von Vögeln kannst du überall finden. Es ist allerdings schwierig, sie voneinander zu unterscheiden. Vögel haben viele verschiedene Fußformen. Was für einen Fuß ein Vogel hat, hängt davon ab, worauf er sich spezialisiert hat: einige klettern, andere rennen, manche greifen nach ihrer Beute und wieder andere können schwimmen. Am häufigsten wirst du Fußabdrücke von Rennvögeln finden. Dazu zählt zum Beispiel das Rebhuhn. Oder auch von Vögeln, die sich ihr Futter am Boden suchen, wie zum Beispiel Turteltauben und Amseln. Hier findest du eine kleine Auswahl.

UNLÖSBARE FÄLLE

Nicht bei jeder Spur lässt sich mit Sicherheit sagen, von welchem Tier sie stammt. Das gilt besonders für Vogelspuren. Lass dich davon nicht entmutigen: Manchmal muss man sich einfach damit abfinden, dass man etwas nicht weiß!

VERSCHIEDENSTE FUSSABDRÜCKE

Kleine Sperlingsvögel (Spatzen, Finken, Amseln)

Rabenvögel (Krähen, Elstern, Eichelhäher)

Grünspecht

Auerhuhn Nur in den Bergen, 8,5–12 cm lang.

Rebhuhn 3–3,5 cm lang.

Eule

AM UFER

Im feuchten Uferboden kannst du Spuren von Wasservögeln entdecken: zum Beispiel von kleinen Stelz- oder Watvögeln, Enten und Blässhühnern.

Ente

Möwe

Reiher

Blässhuhn

Watvögel

Schwan Bis zu 20 cm lang.

WER LÄUFT, WER HÜPFT?

Ein Abdruck lässt sich einfacher zuordnen, wenn du herausfindest, wie sich der Vogel fortbewegt hat. Manche Vögel laufen: Ihre Spuren zeigen immer einen Fußabdruck hinter dem anderen. Manchmal sind sie genau hintereinander, manchmal leicht versetzt, wie z. B. bei Raben, Krähen, Teichhühnern, Reihern, Rebhühnern und Watvögeln.

Andere Vögel, wie z. B. Spatzen, Elstern und Amseln, hüpfen mit beiden Beinen vorwärts. Bei ihren Spuren liegen deshalb immer zwei Fußabdrücke direkt nebeneinander.

WIR BAUEN EINE »SPURENFALLE«

Du hast einen Wildwechsel entdeckt, kannst aber keine Abdrücke sehen? In diesem Fall kannst du eine Spurenfalle bauen. Vielleicht kannst du mit ihrer Hilfe herausfinden, welches Tier diesen Weg benutzt.

Wähle zuerst die Stelle aus, die sich am besten für deine Spurenfalle eignet. Entscheide dich dann für eine der vier folgenden Methoden:

Methode 1: Grabe eine 5 cm tiefe Kuhle in den Boden und fülle sie mit weichem, feuchtem Lehm auf.

Methode 2: Verteile an der entsprechenden Stelle eine möglichst gleichmäßige Schicht aus ganz feinem Sand.

Methode 3: Wenn sich der Boden dafür eignet, fege den Wildwechsel auf einer Länge von etwa 1 m sauber. Weiche dann den Boden mit Wasser auf.

Methode 4: Bestäube mehrere Blatt Papier mit fein gemahlener Holzkohle. Achte darauf, dass du dabei keine schwarzen Hände bekommst! Verteile die Blätter auf dem Boden. Lege dann hinter den Blättern mit dem Kohlepulver ein helles Leintuch oder einen Karton aus. Wichtig: Diese »Stempelkissen«-Methode eignet sich nur in Gebäuden und Scheunen!

Überprüfe die Stelle an den folgenden Tagen. Vielleicht erlebst du ja eine Überraschung!

ABGÜSSE HERSTELLEN

Eine angeknabberte Haselnuss kannst du einfach für dein Naturmuseum mit nach Hause nehmen. Bei Fußabdrücken ist das schon schwieriger. Es sei denn, du stellst von den schönsten Spuren, die du gefunden hast, einen Gipsabguss her.

GRUNDAUSRÜSTUNG FÜR SPURENSICHERER

Eine Spritze oder Pipette;

Büro- oder Wäscheklammern;

ein luftdichter Beutel oder Eimer mit Schnellgips;

Streifen aus Pappkarton, die ungefähr 5 cm breit und 30–40 cm lang sind, oder runde Holzrahmen, zum Beispiel von alten Camembert-Schachteln;

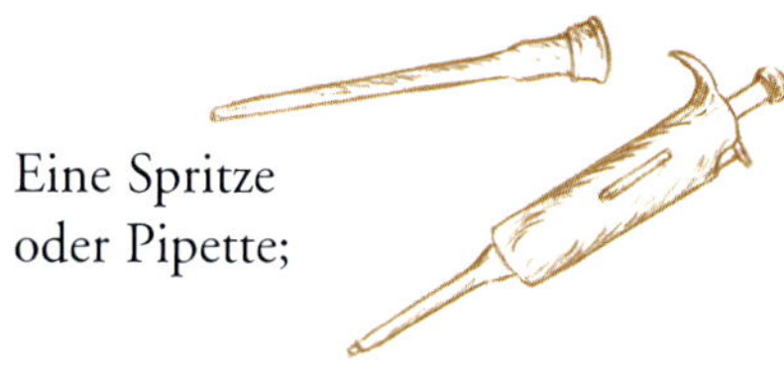

eine mit Wasser gefüllte Trinkflasche;

Küchenrolle;

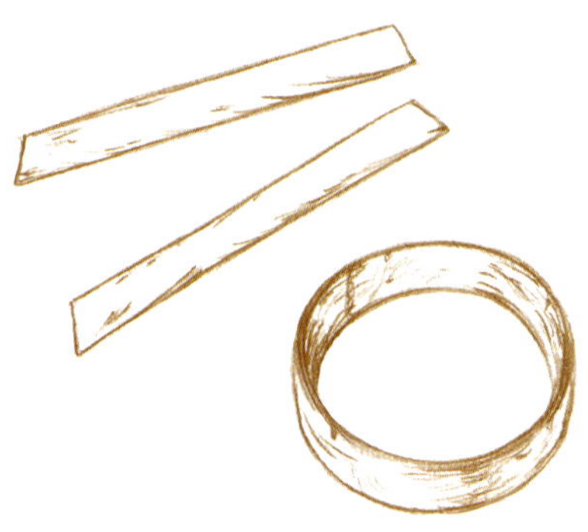

stabile Schachteln, zum Beispiel kleinere Schuhschachteln;

ein Esslöffel;

ein Gefäß aus Kunststoff wie zum Beispiel eine Tupperdose, ein in der Mitte durchgeschnittener Gummiball oder eine Plastikflasche.

HERSTELLUNG EINES ABGUSSES

○ Wähle einen schönen Abdruck aus.

○ Falls er mit Wasser gefüllt ist, trockne ihn. Sauge dazu das Wasser mit der Spritze, der Pipette oder dem Küchenpapier auf.

○ Rühre den Gips in deinem Kunststoffgefäß mit Wasser an. Nimm hierzu doppelt so viel Gips wie Wasser. Am besten liest du dir auch die Anleitung auf der Gipspackung durch.

○ Baue aus den Pappstreifen einen Rahmen rund um den Fußabdruck. Die Enden der Streifen kannst du mit Büroklammern befestigen. Oder du verwendest die Käseschachtel.

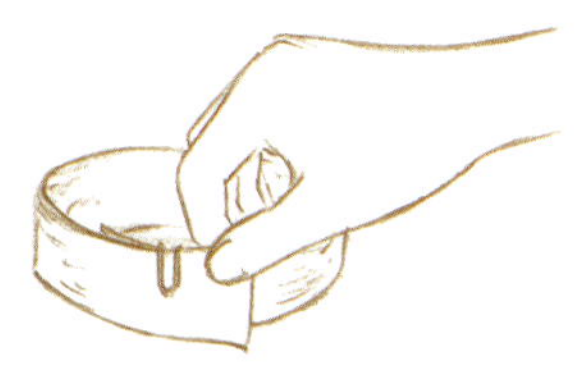

○ Gieße dann die Gipsmasse in die Form und warte mindestens 45 Minuten, bis sie gut ausgehärtet ist.

TIPP

Füge deiner Gipsmasse eine Prise Salz hinzu: Dann wird der Gips schneller hart.

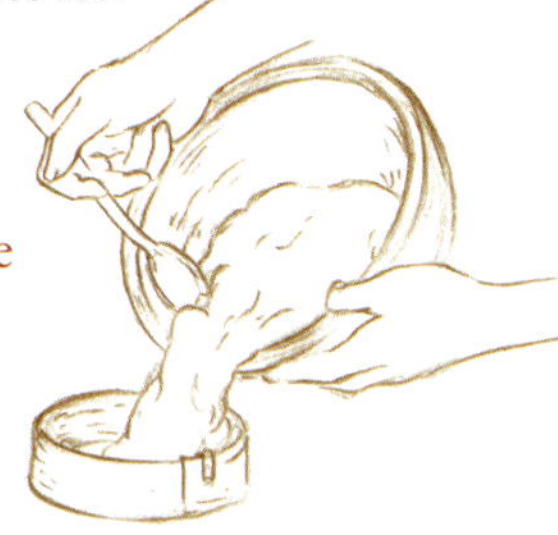

○ Löse den Abguss vorsichtig aus der Form. Am einfachsten geht es, wenn du den Abguss zusammen mit einem Teil der Erde ablöst.

ZU HAUSE

Mit deinem Abguss kannst du den Abdruck aus der Natur genau nachbilden. Dazu brauchst du Ton oder Lehm. Ton bekommst du im Bastelgeschäft oder bei einem Töpfer. Lehm findest du in der Erde. Warte ein paar Tage, bis der Abguss richtig trocken ist. Befeuchte dann den Ton oder Lehm mit etwas Wasser. Er muss richtig weich sein. Schneide dir ein flaches Stück zurecht und drücke deine Gipsform fest darauf. Entferne danach die Gipsform vorsichtig und lasse das Tonstück auf der Heizung oder in der Sonne trocknen.

○ Lege deinen Abguss in eine kleine, stabile Schachtel. Versuche nicht, ihn zu säubern, denn er könnte dabei kaputtgehen. Stopfe die Zwischenräume mit etwas Watte aus, damit der Abguss gut geschützt ist.

○ Lasse den Abguss noch mindestens zwei Tage weitertrocknen. Dann kannst du mit einem Pinsel vorsichtig die Erde entfernen, die noch am Gips klebt.

ES SCHNEIT!

Die Natur ist in einen weißen Mantel gehüllt? Das ist eine ideale Gelegenheit für eine Entdeckungstour. Zieh dich warm an und los geht's!

FÄHRTEN UND SPUREN

An den Spuren eines Tieres kannst du erkennen, in welche Richtung das Tier gegangen ist. Die Spuren verraten dir aber auch, wie schnell das Tier gelaufen ist. Und manchmal kannst du sogar sehen, ob es sich um ein Weibchen oder ein Männchen handelt, wie alt das Tier ist und wie es sich verhält. Hierfür solltest du zuerst einmal versuchen, die Abdrücke von Vorderpfoten und Hinterpfoten voneinander zu unterscheiden.

HEUTE UND MORGEN
Wenn es die ganze Nacht geschneit hat, ziehst du am besten schon frühmorgens los. Das ist die beste Zeit, um frische Spuren zu finden. Auch am nächsten Morgen lohnt sich ein Spaziergang. Während es schneit, kommen die Tiere nur selten aus ihren Verstecken. Meistens zeigen sie sich erst wieder, wenn seit dem Schneefall ein Tag und eine ganze Nacht vergangen sind.

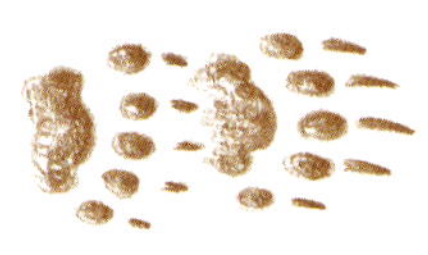
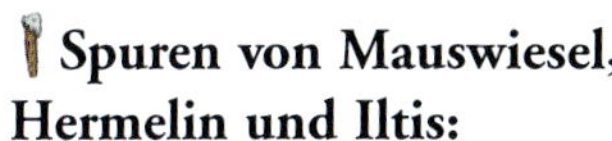

Dachsspur: Eine Dachsspur kannst du leicht erkennen. Der Dachs hinterlässt nämlich Doppelabdrücke. Diese kommen zustande, weil er seine kleinere Hinterpfote genau vor den Abdruck seiner Vorderpfote setzt.

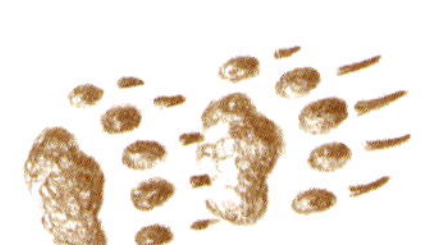

Spuren von Mauswiesel, Hermelin und Iltis: Die kleinen Mitglieder der Marderfamilie hüpfen in ungleichmäßigen Sätzen vorwärts. Deshalb sieht ihre Spur im Schnee ein bisschen chaotisch, aber auch sehr lustig aus!

Die Spur von **Feldhasen** und **Kaninchen** sieht aus wie eine Reihe vieler Ypsilons.

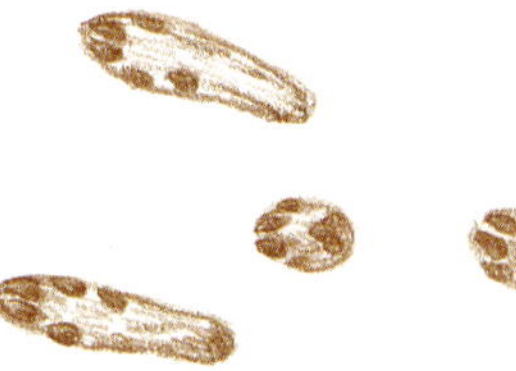

GALOPP ODER TRAB?

Im Schnee kannst du erkennen, wie schnell die Tiere unterwegs sind.

Der Fuchs auf der Flucht

Wenn Reineke Fuchs rennt, hinterlässt er andere Spuren. Seine Abdrücke sind dann nicht mehr schnurgerade hintereinander aufgereiht, sondern leicht versetzt: Die Hinterpfoten landen nun ein Stückchen vor den Abdrücken der Vorderpfoten. Je schneller ein Tier rennt, desto weiter liegen die Abdrücke auseinander.

Fuchsspur im ruhigen Trab

Die normale Gangart des Fuchses ist ein ruhiges Traben. Dabei setzt er seine Hinterpfote genau in den Abdruck der Vorderpfote. Deshalb sieht seine Spur aus, als ob sie nur von einer einzigen Pfote stammen würde!

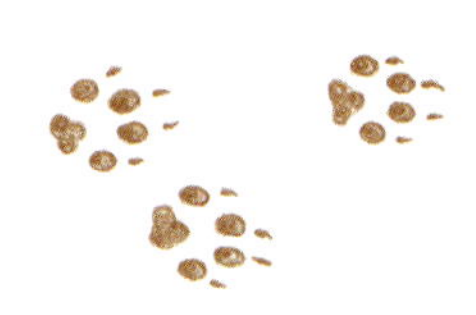

UNTERSCHLUPFE

Genau wie du brauchen Tiere von Zeit zu Zeit Ruhe und Erholung.
Viele haben dafür besondere Nester oder Höhlen. Du wirst staunen!

WO FINDEST DU SOLCHE UNTERSCHLUPFE: OBEN, AM BODEN ODER UNTER DER ERDE?

Am besten suchst du überall! Manche Tiere, wie Eichhörnchen, Haselmäuse und
Zwergmäuse, bauen sich ihr Nest hoch oben in den Bäumen. Rehe und Feldhasen
begnügen sich mit einem Platz auf dem Boden. Kaninchen, Dachse und Feldmäuse
graben unterirdische Tunnel und Höhlen, sogenannte Bauten.

Im Herbst kannst du nach verlassenen Nestern von Zwergmäusen suchen:
Sie bauen im Sommer gleich mehrere Kugelnester aus trockenen Gräsern. Mit einem
Durchmesser von höchstens 10 cm sind diese Nester winzig klein. Sie haben eine
runde Öffnung und befinden sich zwischen den Halmen hoher Gräser.

WAS IST EINE SASSE?

Der Unterschlupf von Feldhasen heißt »Sasse«. Das ist eine kleine, ovale Mulde, die
sich der Feldhase mit den Vorderpfoten scharrt. Meistens sucht er sich dafür geschützte
Stellen unter einer Hecke oder in einem Feld aus. Wenn du dort viele Haare findest,
bedeutet das, dass die Häsin an dieser Stelle Junge bekommen hat. Die Häsin reißt
sich dann nämlich ein bisschen Fell aus, damit ihre Kinder ein weiches Lager haben.

**GOLDENE REGEL:
BITTE NICHT STÖREN!**

Wildtiere sind sehr empfindlich und
wollen nicht gestört werden. In ihrem
Unterschlupf müssen sie sich sicher
fühlen. Hier ruhen sie sich aus und
ziehen ihre Kinder groß. Wenn eine
Mutter sich in ihrem Unterschlupf
gestört oder bedroht fühlt, wird sie
sofort umziehen.
Wenn du einen bewohnten Unterschlupf findest, gilt daher: Pssst!
Ganz leise sein, nur kurz schauen und
die Bewohner in Ruhe lassen.

WEM GEHÖRT DIESER MAULWURFSHÜGEL?

Um das herauszufinden, musst du die Erde vorsichtig zur Seite schieben, bis du den Tunneleingang siehst. Vorher solltest du dich aber unbedingt vergewissern, dass du es nicht mit einem Ameisenhügel zu tun hast!

Beim **Maulwurfshügel** ist der Tunneleingang oval geformt. Er befindet sich in der Mitte des Erdhügels.

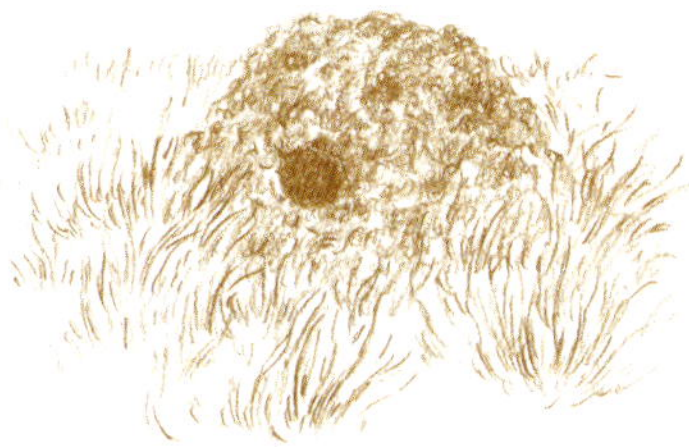

Bei den Erdhügeln von **Feldmäusen** ist der Tunneleingang ganz rund. Er befindet sich seitlich am Erdhügel.

KANINCHENBAU

Wildkaninchen graben sich Höhlen. Man findet sie oft in Abhängen oder Böschungen. Es handelt sich dabei um Löcher mit einem Durchmesser von ungefähr 15 cm. Vor den Gängen liegt eine Art »Türvorleger«. Er besteht aus ausgehobener Erde und kleinen Kotkügelchen. Die ganze Anlage aus Höhlen und Gängen heißt Kaninchenbau. Manchmal wirst du verbreiterte Höhleneingänge mit Kratzspuren finden. Dann hat wahrscheinlich ein Fuchs oder ein Hund versucht, ein Kaninchen zu fangen.

ANDERE HÖHLEN

Auch manche Vögel graben Höhlen. Uferschwalben zum Beispiel legen viele kleine Gänge in den Steilufern von Flüssen an.

DACHSEN AUF DER SPUR

Dachse hinterlassen viele Spuren. Als gesellige Erdbewohner leben sie mit ihrer Familie in »Burgen«: Diese unterirdischen Wohnungen werden von Dachsgeneration zu Dachsgeneration weitergegeben und erweitert. Die größte bekannte Dachsburg hatte 160 Eingänge!

Dachsbau

Ein durchschnittlicher Dachsbau hat ungefähr fünf Eingänge: Er erstreckt sich über eine Länge von 10 bis 15 m und eine Breite von etwa 5 m. Die Eingänge haben einen Durchmesser von mindestens 25 bis 30 cm.

Erdhaufen

Einen Dachsbau kannst du an dem beeindruckenden Erdhaufen in der Nähe des Eingangs erkennen: Bei seinen unterirdischen Arbeiten hat der Wohnungseigentümer eine Menge Erde und Steine ausgegraben.

Rutschrinne

Wenn ein Bau bewohnt ist, hat er eine Rutschrinne. Sie fängt oben auf dem Erdhaufen an und verläuft abwärts zum Höhleneingang. Sie ist so festgetrampelt, dass der Boden fast so glatt ist wie bei einer Rutschbahn.

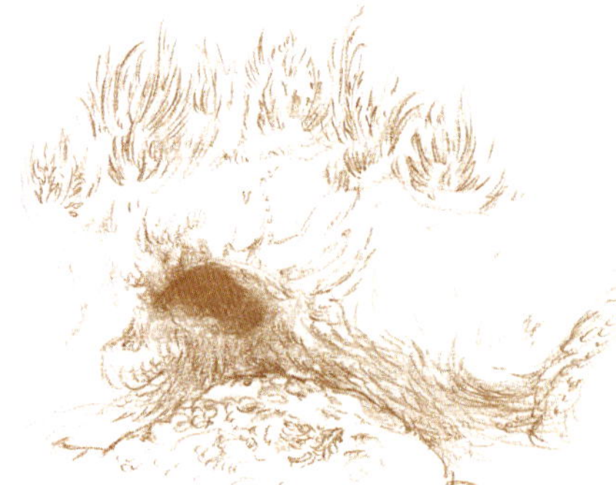

Kratzspuren

Auf der Rutschrinne und an den Baumstämmen in der Nähe findest du bestimmt Kratzspuren.

Wildwechsel

In der Nähe ihrer Burg hinterlassen Dachse deutlich erkennbare, breite Wildwechsel. Spurenleser erkennen sie sofort! Alle Höhleneingänge sind durch festgetrampelte Wildwechsel miteinander verbunden.

Fell

Folge den Wildwechseln und suche nach Büscheln mit langen schwarz-weißen Dachshaaren: Du findest sie an dornigen Sträuchern oder Stacheldrahtzäunen, an denen der Dachs vorbeikommt. Auch an den Höhleneingängen sind häufig Haare zu finden.

Abdruck

Die Fußabdrücke des Dachses zeigen fünf Finger und große Krallen. In der Nähe von Dachsbauten und auf den Wildwechseln sind sie häufig zu sehen.

Latrinen

So heißen die Toiletten des Dachses: Dabei handelt es sich um kleine, ungefähr 10 cm tiefe Gruben. Dort hinein setzt er seinen Kot. Da er ihn dann ganz offen liegen lässt, wirst du in der Nähe von Wildwechseln sicher auch Latrinen finden.

AUF DER SUCHE NACH EINER DACHSBURG

Am besten suchst du zuerst nach einem Wildwechsel. Überprüfe dann die Fußabdrücke. Bist du sicher, dass sie von Dachsen stammen? Dann folge dem Weg in die eine oder andere Richtung: Er führt oft direkt bis zu einem Dachsbau.

VOGELNESTER

Einige Tiere, wie beispielsweise Vögel, bauen sich ihre Behausung nach Maß. Vögel sind hervorragende Architekten. Manche von ihnen sammeln einfach ein paar Zweige und machen daraus ein Nest. Andere erbauen richtig kleine Meisterwerke.

SAMMELN ALTER NESTER

Es gibt Vögel, die ihr altes Nest immer weiterbenutzen, zum Beispiel Schwalben und Bussarde. Andere brüten nur ein einziges Mal in ihrem Nest und verlassen es danach. Diese verlassenen Nester kannst du sammeln. Allerdings musst du dabei vier Dinge beachten:

🪺 Sammle die Nester erst im Herbst ein, etwa von September bis Dezember. Nur dann kannst du sicher sein, dass sie unbewohnt sind.

🪺 Halte im Frühling immer Abstand zu einem Nest und störe die Brut niemals.

🪺 Nehme nie Schwalbennester mit und auch keine Nester, die mehr als 20 cm Durchmesser haben. Große Nester werden oft weiterbenutzt.

🪺 Die Nester müssen gut getrocknet sein!

Binde an jedes Nest ein Schild. Vermerke darauf das Datum, den Fundort und die genaue Fundstelle. Notiere außerdem, von welcher Vogelart es stammt, sofern du das herausfinden konntest. Die Nester kannst du dann in alten Schuhschachteln aufbewahren.

Im Winter kannst du lernen, woran man die verschiedenen Nester erkennt. Sie unterscheiden sich je nach Standort, Form und Material. Und sie werden auch ganz unterschiedlich genutzt!

Zaunkönig
Großes Kugelnest aus Moos, getarnt mit Blättern.

Amsel
Die Nestwand ist mit Schlamm verstärkt. Amselnester findest du im Gebüsch.

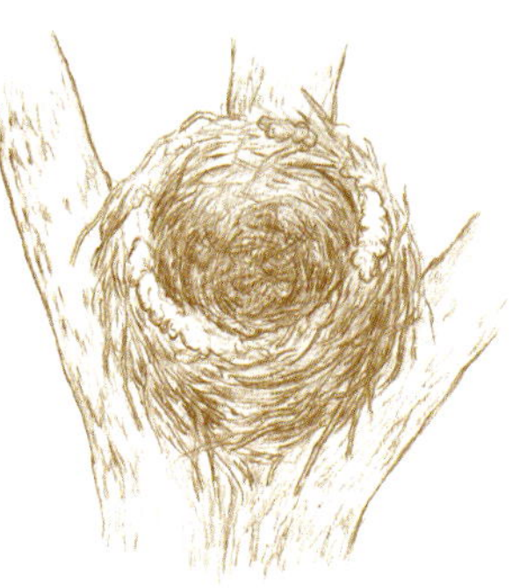

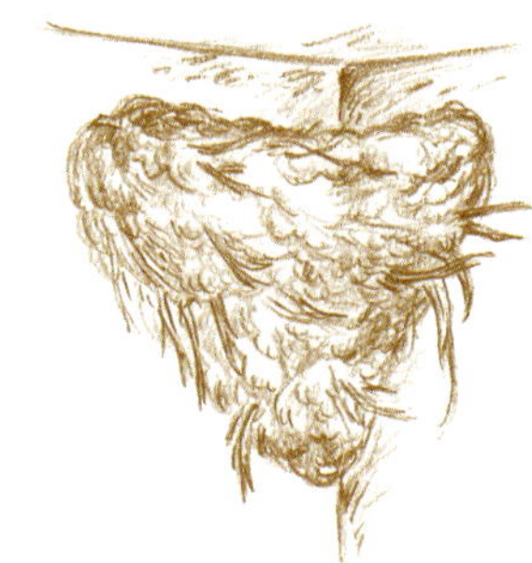

Singdrossel
Die Nestmulde ist innen mit Schlamm ausgekleidet und sieht aus wie eine halbe Kokosnuss!

Ringeltaube
Lockeres, flaches Geflecht aus kleinen Zweigen, durch das du hindurchsehen kannst! Du findest es in Bäumen.

Rauchschwalbe
Nest aus Schlamm und Gräsern. Rauchschwalben bauen ihr Nest in einem Gebäude.

Mehlschwalbe
Nest aus Schlamm mit einer sehr engen Öffnung. Es befindet sich meistens in den Ecken von Fenstern.

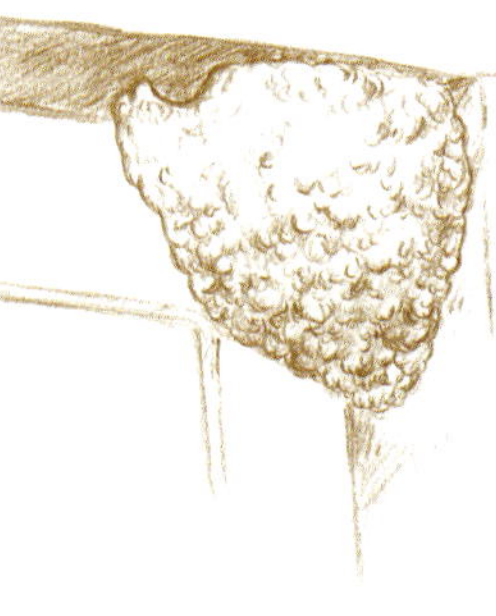

Buchfink
Nest aus Moos und kleinen Zweigen. Die Wände sind mit Flechten ausgekleidet. Du findest es in Bäumen.

Grasmücke
Kleines, enges Nest aus trockenen Gräsern. Du findest es relativ weit unten in Hecken und Sträuchern.

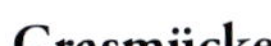

»ZWEITWOHNSITZ«
Vögel bewohnen ihr Nest nicht wirklich. Sie leben und schlafen nicht dort, sondern nutzen es nur vorübergehend. Wichtig ist das Nest vor allem für die Brutpflege: Hier legen die Vögel ihre Eier ab, brüten sie aus und ziehen manchmal auch ihre Kinder groß. Besonders gut sehen kannst du die Nester im Herbst, wenn die Bäume ihre Blätter verlieren.

BAUMATERIALIEN

Vögel verwenden für den Nestbau alle möglichen Materialien.
Stieglitze zum Beispiel schmücken ihre Nester mit Distelwolle aus.
Schwanzmeisen verwenden Spinnennetze. Die Materialien sind also je
nach Vogelart, aber auch je nach Lebensraum verschieden.

STADT- ODER LANDVOGEL?

Jede Vogelart baut ihr Nest auf ihre ganz eigene Art und Weise. Dabei sind die Nester aber auch an die besonderen Lebensumstände der Vögel angepasst. Wenn Vögel in der Nähe von Menschen leben, bauen sie oft sonderbare Materialien wie Papierfetzen, Glaswolle, Bindfaden oder Kunststoff in ihre Nester ein! Der Schwarze Milan zum Beispiel – ein Greifvogel von der Größe eines Bussards – hat sich richtiggehend darauf spezialisiert.

UNTERSUCHE EIN VERLASSENES NEST

So kannst du herausfinden, wie die kleinen geflügelten Baumeister beim Nestbau vorgehen. Nimm ein verlassenes Nest und zerlege es mit einer Pinzette. Du wirst verschiedene Baumaterialien finden. Sortiere sie in diese Gruppen:

- pflanzliche Materialien: Gräser, Blätter, kleine Wurzeln, Halme, kleine Zweige, Pflanzenwolle und Pflanzenhaare
- tierische Materialien: Fell, Haare, Flaumhaar, Federn, Daunen
- mineralische Materialien: Schlamm, Kies
- sonstige Materialien: Müll, Bindfaden, Kunststoffstücke, Papier- und Stofffetzen

Wie viele verschiedene Materialien hast du gefunden? Zerlege ruhig mehrere Nester derselben Vogelart. Aber untersuche auch die Nester anderer Vogelarten. Sicher weißt du schon bald über alle Geheimnisse des Nestbaus Bescheid. Und im nächsten Winter kannst du auf den ersten Blick erkennen, wer welches Nest gebaut hat!

Hilfeleistung

Du kannst den Vögeln helfen, weiche Materialien für ihre Nester zu finden. Lege einfach hier und da ein paar Katzen- oder Hundehaare aus. Im Frühling finden sie bestimmt schnell Abnehmer.

SPECHT IST NICHT GLEICH SPECHT!

Es gibt viele verschiedene Spechtarten. Am bekanntesten ist der Grünspecht. Er hinterlässt ganz typische Spuren. Aber auch zwei seiner Verwandten kannst du leicht erkennen. Versuch es doch einfach mal!

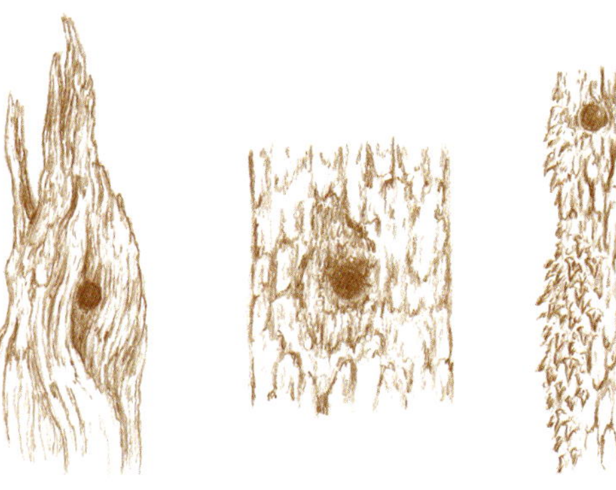

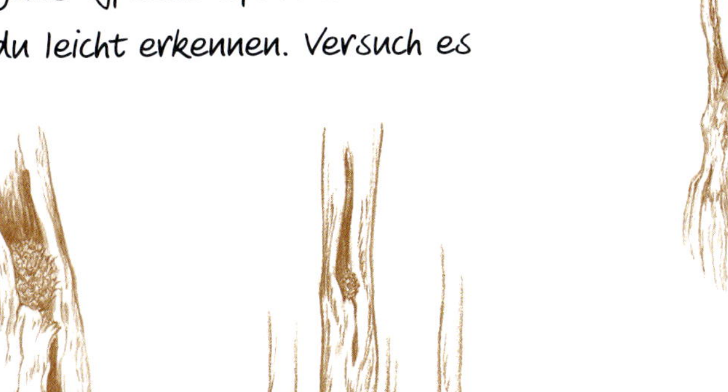

DIE SCHMIEDE DES BUNTSPECHTS

Wenn du im Winter einen kleinen Haufen zerzauster Tannenzapfen am Fuß eines Baumes findest, solltest du nach oben schauen: Hier befindet sich wahrscheinlich die Schmiede eines Buntspechts. Er klemmt die Tannenzapfen in einem Spalt des Baumstamms ein und zerhackt sie mit seinem Schnabel. So sammelt er die Samen, die unter den Schuppen versteckt sind. Danach lässt er die Tannenzapfen fallen.

Durchwühlter Ameisenhügel

Hier war offensichtlich ein Grünspecht am Werk. Ameisen sind nämlich seine Lieblingsspeise. Suche auf den Feldern und Wiesen nach seinem Kot. In den kleinen Kotwürstchen findest du viele Ameisenüberreste.

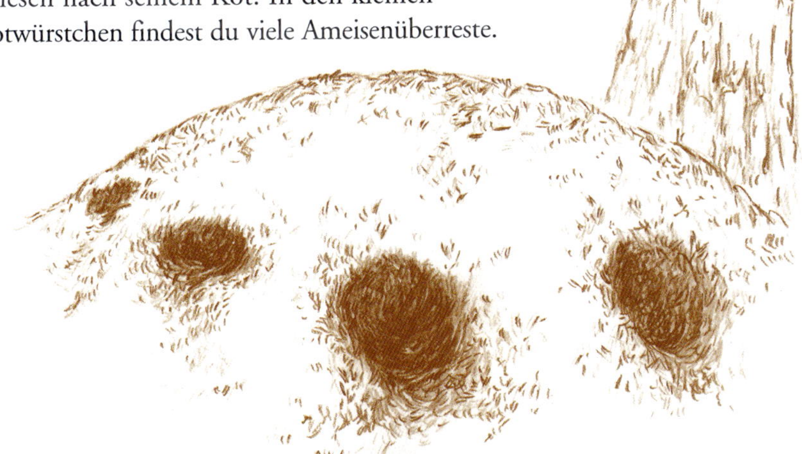

Spechthöhlen

Spechte errichten ihr Nest, indem sie ein Loch in einen Baumstamm hämmern. Diese Spechthöhlen findest du vor allem in abgestorbenen oder sehr alten Bäumen. Verlassene Höhlen werden oft von anderen Tieren übernommen, zum Beispiel von Meisen, Kleibern und Insekten.

Gesprengter Baumstumpf

Solche Werke vollbringt nur ein Spezialist: der Schwarzspecht. Er ist so groß wie ein Rabe und hat einen sehr starken Schnabel. Mit diesem schlägt er in Baumstümpfe und alte Baumstämme hinein und sucht dort nach Insektenlarven. Die frisst er nämlich am allerliebsten. Die Holzspäne, die dadurch entstehen, sind 10 bis 20 cm lang!

INSEKTEN

Bienen, Wespen, Schmetterlinge: Das alles sind natürlich ganz kleine Tiere. Aber auch sie hinterlassen deutlich sichtbare Spuren. Zieh doch mal los und nimm deine Lupe mit!

PAPIERSPEZIALISTEN

Auch Insekten bauen meisterhafte Nester. Wusstest du, dass sie schon lange vor uns das Papier erfunden haben?

Die **Feldwespe** ist eine Verwandte der Echten Wespe. Sie ist aber viel freundlicher. Ihr kleines Nest baut sie aus einer papierartigen Masse. Diese Masse stellt sie her, indem sie trockene Holzfasern zerkaut. Das Nest der Feldwespe hängt an Mauern, Pflanzen und Zaunpflöcken. Unten kannst du die Waben sehen.

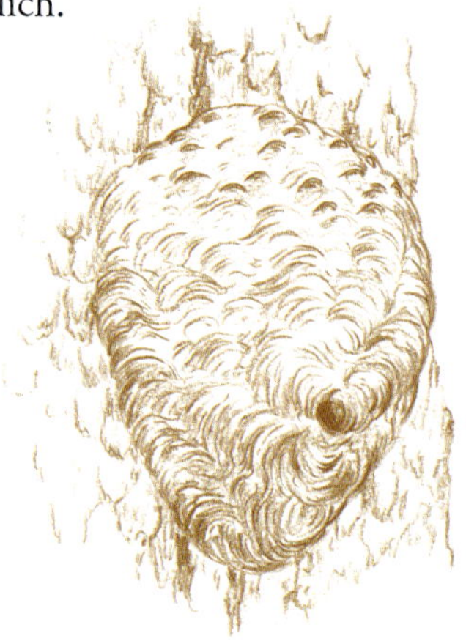

Hornissen

Hornissen bauen riesige Nester. Dazu verwenden sie ebenfalls selbst hergestelltes »Papier«. Ihre Nester sind heller und eher bräunlich.

Kurzkopfwespen

Kurzkopfwespen bauen ihre »Papiernester« auf Speichern oder in den verlassenen Gängen von Feldmäusen. Die Nester sind grau und die Waben sind nicht sichtbar. Hängende Nester ähneln in ihrer Form einem Kreisel.

ACHTUNG: GEFÄHRLICH!
Halte immer genug Abstand zu den Nestern von Wespen und Hornissen. Ihre Stiche können sehr schmerzhaft sein! Nur im Winter darfst du ihre kunstvollen Behausungen einsammeln und genauer untersuchen, denn dann sind sie verlassen.

EINSIEDLER

Bienen und Wespen, die in Gruppen leben, werden aggressiv, wenn man zu nah an ihr Nest herankommt. Es gibt aber auch Wespen und Bienen, die ganz freundlich und friedfertig sind: die sogenannten Einsiedlerwespen und Einsiedlerbienen. Sie sind ganz anders als ihre Verwandten und lassen sich gern beobachten. Mit großem Geschick bauen sie ganz unterschiedliche kleine Einzelnester. Allerdings haben auch sie einen Stachel. Deshalb solltest du sie besser nicht in die Hand nehmen.

Kleine Erdnester

Kleiner Kuppelbau, gebaut von der Rotpelzigen Sandbiene, einer Einsiedlerbiene.

Nicht zu verwechseln mit dem Kot von Regenwürmern.

Wer macht diese Löcher in die Rosenbäume?

Na so etwas! Die Blattschneiderbiene schneidet perfekte kreisrunde, kleine Löcher in die Blätter von Rosensträuchern. Mit den Blattstücken tapezieren sie ihr Nest.

Mauerbienen

Mauerbienen bauen ihre Nester an trockenen, sonnigen Orten. Sieh dir an solchen Stellen einmal Wände, Mauern, Steinhaufen und bestimmte Pflanzen, wie z. B. das Heidekraut, etwas genauer an. Vielleicht kannst du ihre kleinen Werke entdecken!

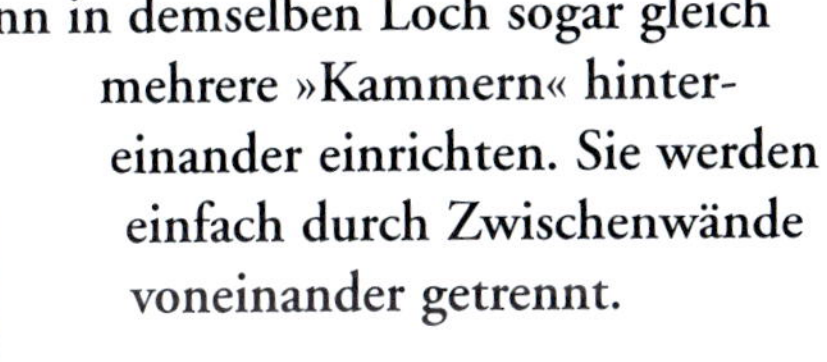

BIENENNEST IM FENSTER

Die meisten Fenster haben unten im Rahmen Löcher, damit das Wasser besser ablaufen kann. Wenn du dir diese Löcher anschaust, scheinen manche von ihnen mit Lehm verstopft zu sein. Tatsächlich handelt es sich aber um ein Bienennest: Hier wohnt eine kleine Einsiedlerbiene, die sogenannte Rote Mauerbiene. Sie legt in den Löchern ihre Pollen ab, legt ein Ei und verschließt alles mit einem von ihr hergestellten Mörtel. Die Biene kann in demselben Loch sogar gleich mehrere »Kammern« hintereinander einrichten. Sie werden einfach durch Zwischenwände voneinander getrennt.

KLEIN, ABER OHO!

Es gibt noch mehr Insekten, die beeindruckende Nester und sogar Fallen bauen!
Diese Beispiele sollen dir zeigen, welch großartige Fähigkeiten einige von ihnen haben.
Und das ist nur eine kleine Auswahl. Es gibt noch viele andere!

Eipaket der Gottesanbeterin

Die Gottesanbeterin legt ihre Eier
in einem Paket ab. So sind die Eier
besser geschützt.

Kuckucksspucke

Die Schaumzikade versteckt ihre Nachkommen
in kleinen Schaumnestern zwischen den Stängeln
und Blättern von Pflanzen. Man nennt sie auch
»Frühlingsschaum«.

Kleine Trichter

Solche Trichter findest du in sandigem Boden.

Es handelt sich dabei um Fallen. Sie werden vom
Ameisenlöwen gebaut, um Ameisen zu fangen.

Ameisenlöwe (so heißt die
Larve der Ameisenjungfer)

Ameisenjungfer
(ausgewachsen)

Ameisenhügel

Die großen Hügel werden aus vielen kleinen
Zweigen von der Roten Waldameise gebaut:
Sie können bis zu 1 m hoch sein!
Pass gut auf, dass du nicht in den Hügel
hineinfällst! Halte deine Hand einige
Zentimeter über den Ameisenhügel
und rieche dann an deinen Fingern:
Wenn Ameisen sich bedroht fühlen,
spritzen sie mit Ameisensäure.

Spinnennetze

Einige Spinnennetze kannst du leicht erkennen Zum Beispiel die »angeschnittene Torte« der **Sektorspinne**: Bei diesem Netz fehlt immer ein Stück!

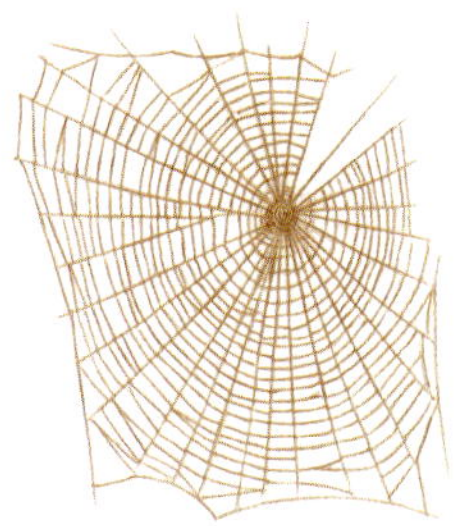

Zickzackband im Netz der **Wespenspinne.**

Das staubige Nest der **Hausspinne.**

Krickelkrakel-Muster

Hier hat sich eine Larve am Blattinneren zu schaffen gemacht und dieses komische Muster zurückgelassen. Genau gesagt war es die Larve der Zwergmotte. Sie ist der kleinste Schmetterling der Welt.

Tatsächliche Größe

GALLEN

Manche Insekten legen ihre Eier in Pflanzen ab. Dazu stechen sie die Pflanze mit ihrem Legestachel an. Der Einstich verändert die Pflanzen. Sie bekommen Wucherungen, die wie Pusteln aussehen. Diese Wucherungen heißen Gallen. Zu den Tieren, die das oft tun, gehören die Gallwespen. Das sind winzige Wespen, die auf diese Art eine geschützte Behausung für ihre Larven einrichten.

Buchengallmücke

Die Buchengallmücke ist eine kleine Mücke. Sie legt ihre Eier auf Buchenblättern ab und verursacht dadurch kleine Gallen. Diese Gallen sehen wie Kerne aus.

Gemeine Eichengallwespe

Du hast auf der Unterseite eines Eichenblatts eine oder mehrere Kügelchen entdeckt, die ungefähr 1 bis 3 cm groß sind? Das sind die Hinterlassenschaften der Gemeinen Eichengallwespe.

Ananasgallen

Ananasgallen findest du an Fichtenzweigen. Sie werden aber nicht von Gallwespen verursacht, sondern von einer Laus.

Rosenapfel

Diese merkwürdige, haarige Kugel wird auch Rosenapfel genannt. Tatsächlich handelt es sich dabei um eine Galle, die bei Wildrosen vorkommt. Auch sie entsteht durch den Stich einer Gallwespe.

Weidenrose

Den schönen Namen dieser Galle kann man sich viel besser merken als den komplizierten Namen des Tieres, durch die sie entsteht. Sein wissenschaftlicher Name lautet nämlich *Rhabdophaga rosaria*.

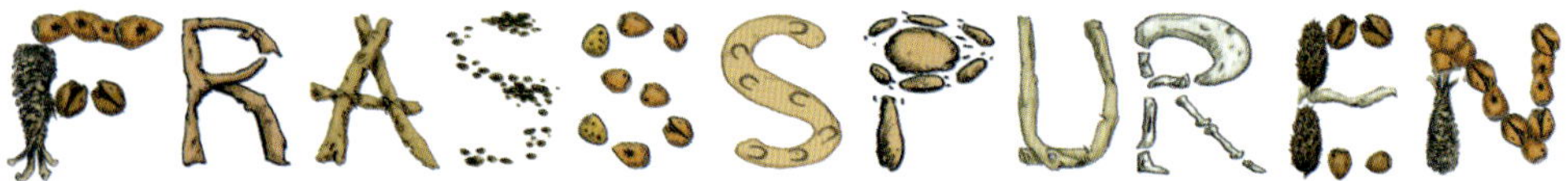

FRASSPUREN

Manchmal findest du in der Natur Nahrungsreste. Mithilfe einer Lupe kannst du leicht herausfinden, wer sich hier den Magen vollgeschlagen hat.

ABGENAGTE TANNENZAPFEN

Die Samen der Tannenzapfen sitzen versteckt unter den festen Schuppen der Zapfen. Für viele Tiere sind sie ein echter Leckerbissen. Die Spuren ihrer Mahlzeiten sind gut sichtbar und ziemlich leicht zu finden.

Das **Eichhörnchen** hinterlässt einen abgenagten und zerzausten Zapfen. Er sieht an der Spitze aus wie ein Pinsel.

Die **Waldmaus** erledigt ihre Arbeit so gründlich, dass nichts mehr übrig bleibt. Manchmal knabbert sie auch die letzten Reste eines Zapfens ab, die ein Eichhörnchen übrig gelassen hat.

Rundlicher, abgenagter Zapfen

Der **Buntspecht** bearbeitet den Zapfen mit aller Kraft und zerhackt die Schuppen mit seinem Schnabel.

Zerzauster Zapfen

Der **Kreuzschnabel** ist ein Vogel. Seinen Namen verdankt er seiner besonderen Schnabelform. Bei ihm sieht es so aus, als ob er jede Schuppe mit einer Schere in zwei Teile schneiden würde.

TANNENZAPFEN AUFBEWAHREN

Wenn du abgefressene Tannenzapfen für dein Naturmuseum sammeln möchtest, musst du sie zunächst trocknen. Am besten lässt du sie ein paar Wochen in eine Mullbinde eingewickelt liegen. Dann verformen sie sich nicht.

FLEISSIGE NUSSKNACKER

Viele Tiere fressen gerne Haselnüsse. Dabei hat jedes Tier seine eigene Technik, wenn es ums Nüsseknacken geht.

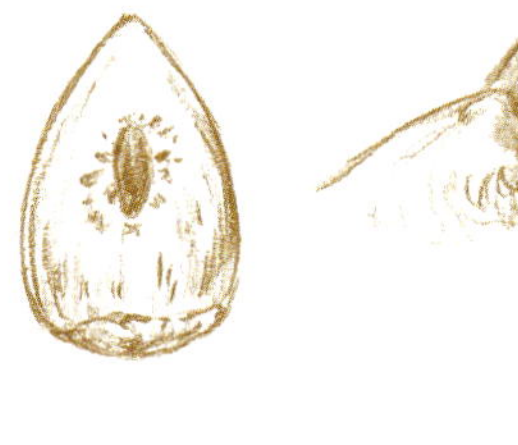

Hat die Nuss ein schmales Loch ohne Nagespuren? Wurde die Haselnuss außerdem nur teilweise gegessen? Das deutet auf eine **Kohlmeise** hin: Sie bohrt das Loch in die Nuss, wenn sie noch weich ist. Allerdings kann sie mit ihrem Schnabel nur eine kleine Öffnung machen und deshalb nicht den ganzen Inhalt fressen.

Du siehst ein winziges Loch in einer Haselnuss? Das war wahrscheinlich die Larve des **Nussbohrers**. Dieser kleine Käfer legt seine Eier in Haselnüsse oder Eicheln. In der Nuss wächst dann ein Wurm heran. Später bohrt sich der Wurm durch die Schale, um herauszukommen. Dadurch entsteht ein kleines, kreisrundes Loch.

Ist das Loch gleichmäßig rund und hat es keine Nagespuren? Sieht der Rand außerdem aus, als wäre er mit Schmirgelpapier behandelt worden? Dann war hier eine **Haselmaus** am Werk.

In der Baumrinde klemmt eine durchlöcherte Haselnuss? Das war bestimmt ein **Kleiber**. Kleiber sind kleine Sperlingsvögel. Sie klemmen ihre Haselnüsse in einer Spalte ein, um sie zu öffnen.

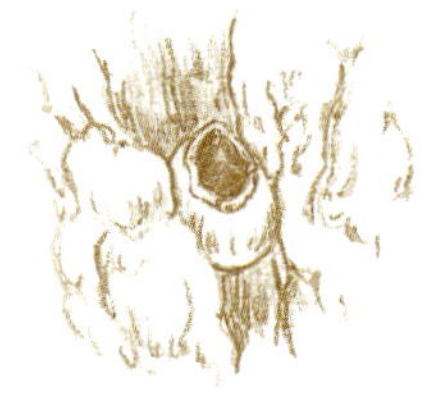

Wenn du mehrere durchlöcherte Haselnüsse ohne Nagespuren am Boden findest, hast du es mit einem **Buntspecht** zu tun. Suche in einem Baum in der Nähe nach seiner Schmiede (siehe Seite 35).

Die Haselnuss ist angeknabbert. Du kannst an der Öffnung rundherum Spuren von kleinen Zähnen sehen. Das war eine **Waldmaus** oder eine **Feldmaus**.

In der Schale ist eine saubere Bruchstelle zu sehen. Das war ein **Eichhörnchen**. Es knabbert zuerst die Oberseite der Haselnuss an. Dann benutzt es seine Zähne wie einen Hebel und bricht die trockene Frucht in zwei Hälften.

VORRATSKAMMERN UND SPEISEZIMMER
Kleine Nagetiere sammeln fleißig Vorräte. Sie verstecken sie in sogenannten Vorratskammern. Außerdem haben sie auch »Speisezimmer«, in denen sie ihre Nahrung – meistens Samen oder Gräser – schälen. Du findest diese Plätze unter großen Steinen oder Holzhaufen.

EICHHÖRNCHEN AUF DER SPUR

Eichhörnchen gibt es sowohl in der Stadt als auch auf dem Land. Sie können im tiefsten Wald leben, aber auch in Stadtparks. Wenn du genau hinsiehst, wirst du feststellen, dass man sie sogar recht oft sehen kann. Hast du schon die vielen Spuren bemerkt, die sie ganz in deiner Nähe hinterlassen haben?

Fußabdrücke

Eichhörnchenspuren beginnen immer am Fuß eines Baumes – und dort enden sie auch!

Rechts- oder Linkshänder?

Deine Freunde werden staunen, wenn du an einem abgenagten Tannenzapfen erkennen kannst, ob ein Eichhörnchen Rechts- oder Linkshänder war.
Naturforscher haben nämlich herausgefunden, dass die kleinen Nagetiere ihre Tannenzapfen immer auf dieselbe Art halten. Nur die Seite ändert sich, je nachdem, ob das Tier Rechtshänder oder Linkshänder ist.

Halte den Tannenzapfen so, dass die Spitze nach unten zeigt. Wenn die abgeknabberten Schuppen auf der rechten Seite ausgefranst sind, war das Eichhörnchen Rechtshänder.

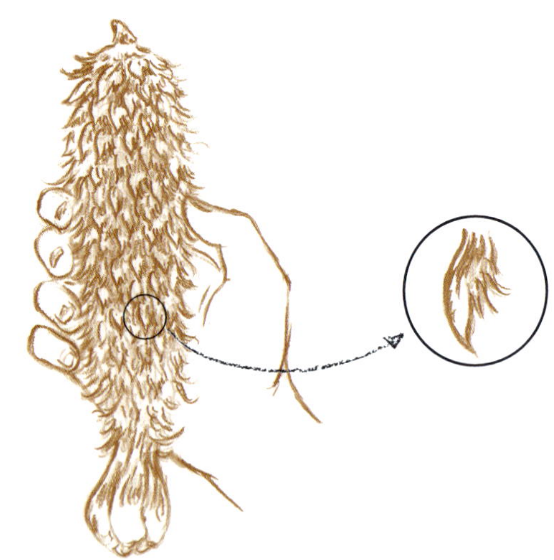

Jungtier oder ausgewachsenes Tier?

Haselnüsse, die von einem Eichhörnchen geöffnet wurden, sind sauber in zwei Hälften gespalten. Außerdem sind sie an der Oberseite angeknabbert. So sehen allerdings nur die Haselnüsse von ausgewachsenen Tieren aus. Junge Eichhörnchen haben noch keine so ausgefeilte Technik: Zwar spalten sie die Schale auch in zwei Hälften, aber sie knabbern überall ein bisschen herum.

Angeknabberte Haselnuss von einem ausgewachsenen Eichhörnchen

Angeknabberte Haselnuss von einem jungen Eichhörnchen

Zweige und Knospen

Eichhörnchen naschen gerne Blüten und Knospen. Sie pflücken junge Tannenzweige und schälen die Knospen. Auf dem Boden kannst du viele solcher noch grüner, ungefähr 10 cm langer Zweige finden. Ihr Stängel wurde schön säuberlich abgeknipst und nicht etwa vom Wind abgerissen.

Ananasgalle

Eichhörnchen verspeisen mit Genuss die Insekten, die sich in den Ananasgallen von Fichten verstecken (siehe Seite 39). Wenn du auf dem Boden danach suchst, findest du bestimmt einige, die angeknabbert wurden.

FLEISSARBEIT

Im Winter muss das Eichhörnchen manchmal bis zu 190 Tannenzapfen pro Tag schälen. Erst dann ist es satt! Suche in Fichtenhainen nach Überresten seiner Mahlzeiten. Du wirst sicher schnell fündig werden.

Unterschlupf

Jedes Eichhörnchen baut für sich allein ungefähr fünf oder sechs Nester. Seine Sommernester sind eine lockere Ansammlung aus Gräsern und Rindenstücken. Sie sind schwierig zu erkennen. Seine Winternester bestehen aus kleinen Zweigen und sind stabiler. Außerdem sind sie weich mit Moos ausgepolstert. Sobald die Blätter von den Bäumen fallen, sind sie mit einem Fernglas gut zu erkennen.

Nicht verwechseln:

🌰 Krähennest

Schalenförmig ohne Überdachung. Es besteht aus toten Zweigen und befindet sich ziemlich weit oben in den Ästen großer Bäume.

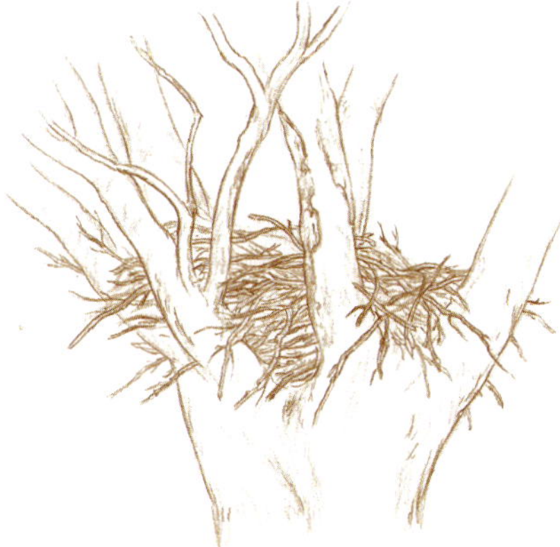

🌰 Elsternest

Elsternester sind kugelförmig und haben einen Durchmesser von 30 bis 40 cm. Du findest sie ganz oben in den Baumwipfeln. Der untere Teil ist mit Lehm verstärkt, oben bilden kleine Zweige ein Kuppeldach. Das Licht scheint durch das Kuppeldach hindurch.

🌰 Eichhörnchennest

Die Nester von Eichhörnchen sind rundlich und haben einen Durchmesser von ungefähr 30 cm. Sie werden aus 5 bis 7 cm langen Zweigen gebaut. Innen sind sie mit Moos und Gras gepolstert. Sie befinden sich in der Nähe des Baumstamms, meistens in einer Gabelung. Anders als bei den Nestern von Rabenvögeln wirst du hier keinen weißen Vogelkot sehen.

TATORTE

Tiere hinterlassen spannende Tatorte! Wie bei einem echten Kriminalfall kannst du hier wichtige Hinweise finden. Am leichtesten findest du Fraßspuren von Pflanzenfressern: Sie verbringen nämlich einen Großteil ihrer Zeit mit Fressen. Nur so können sie ihren Energiebedarf decken. Fleischfresser dagegen verbringen mehr Zeit mit der Jagd als mit der Nahrungsaufnahme.

»Serienkiller« am Stacheldrahtzaun

Dieser Übeltäter legt sich eine ziemlich schaurige Vorratskammer an: Er spießt seine Opfer auf Stacheldrahtzäune oder auf die Dornen von Sträuchern auf. Dabei hat er es besonders auf Insekten, aber auch auf Frösche und Waldmäuse abgesehen.

TÄTER

Der Neuntöter. Das ist ein Vogel, der im Gehölz lebt und leider immer seltener wird.

Frösche in Gefahr

Jedes Jahr im Frühling sterben viele Grasfrösche. Ihr größter Feind ist der Mensch: Er baut Straßen, zerstört ihren Lebensraum und setzt Schädlingsbekämpfungsmittel ein. Einen etwas geringeren Schaden richtet von Zeit zu Zeit außerdem ein anderer »Massenmörder« an. Er hinterlässt bei jedem »Gemetzel« rund zehn Leichen. In der Nähe von Tümpeln und Wasserstellen wirst du bestimmt Überreste von Eiern, Froschkörperteile oder auch Köpfe von geköpften Kröten finden.

TÄTER

Der Iltis. Er tötet seine Beute durch einen gezielten Biss in den Nacken.

Taubenschreck

Wenn du eine tote Taube mit aufgeschlitzter Brust findest, dann ist die Sache klar!

Der Habicht. Er verspeist zuerst die Brustmuskeln. Danach lässt er seine Beute einfach an Ort und Stelle liegen.

GESCHLÜPFT ODER GEFRESSEN?

Hast du ein zerbrochenes Ei gefunden? Dann sieh dir die Bruchstelle genauer an. Wenn du an ihrem Rand einen kleinen Wulst erkennen kannst, ist ein Tier aus dem Ei geschlüpft. Der Wulst entsteht, wenn das Innenhäutchen des Eis trocknet.

Bei Eiern, an denen sich ein Raubtier zu schaffen gemacht hat, hat die Schale meistens ein Loch in der Mitte. Das Innenhäutchen ist gar nicht oder kaum zu sehen.

Schneckenmörder

Einige mehr oder weniger zersplitterte Schneckenhäuser sind rund um einen Stein verteilt.

Die Singdrossel. Sie benutzt ihren Lieblingsstein wie einen Amboss, um Schneckenhäuser zu zerschmettern. Danach frisst sie die wehrlosen Weichtiere.

Rupfung: Luft- oder Bodenangriff?

Wenn du von einem Tag auf den anderen plötzlich viele Federn auf dem Boden herumliegen siehst, dann hat an dieser Stelle ein Raubtier einem Vogel die Federn ausgerupft. Man spricht dann von einer Rupfung. Aber wer ist schuld daran?

Luftangriff: Die Räuber reißen ihrer Beute mit dem Schnabel die Federn aus. Der Stiel der Feder – man nennt ihn Schaft – ist fast unversehrt. Manchmal ist er nur der Länge nach aufgeschlitzt.

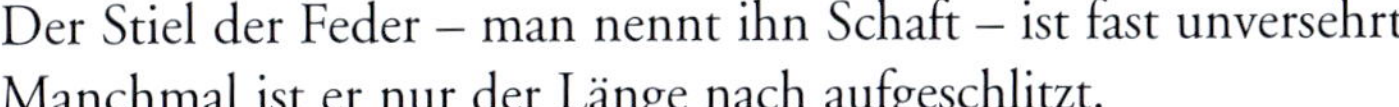

Raubvögel wie Falken, Sperber und Habichte.

Bodenangriff: Vierbeinige Räuber rupfen und zerlegen ihre Beute mit den Zähnen. Der Schaft der Federn ist oft durchtrennt, angebissen oder beschädigt.

Säugetiere wie Füchse, Katzen und Marder.

LOSUNGEN

Losung ist die am häufigsten verwendete Bezeichnung für den Kot von Wildtieren. Es gibt aber noch eine ganze Reihe von weiteren Begriffen: zum Beispiel Guano, Dung, Mist oder Dreck. Auf den ersten Blick wirkt das vielleicht ein bisschen eklig. Tatsächlich können echte Naturdetektive aus den Hinterlassenschaften der Tiere aber viele wertvolle Informationen herauslesen.

JE NACH SPEISEKARTE

Die Zusammensetzung und vor allem die Farbe des Kots können bei ein und demselben Tier sehr unterschiedlich sein, je nachdem, was es gefressen hat. Weicher Dung verrät dir, dass ein Hirsch saftige Pflanzen gefressen hat. Wenn er aber trockenes Gras gefressen hat, ist sein Dung härter. Um herauszufinden, von welchem Tier der Kot stammt, musst du seine Form und Größe, manchmal auch seinen Geruch und den Fundort untersuchen.

Fuchskot

Füchse platzieren ihren ziemlich übel riechenden Kot gern an gut sichtbaren Stellen: mitten auf dem Weg, auf Grasbüscheln, Maulwurfshügeln, Baumstümpfen oder kleinen Erdhügeln. So markieren sie ihr Revier.

Dung von Pflanzenfressern
Runde oder ovale Form, enthält Pflanzenreste.

Losung von Fleischfressern
Längliche, wurstartige Form mit einem spitzen, ausgefransten Ende.

Hirschkot

Kleine Haufen aus schwarzen Kotkügelchen. Wenn du am breitesten Ende jedes Kügelchens eine kleine Delle bemerkst, stammt der Kot von einem männlichen Hirsch. Ist das Ende nach außen gewölbt, stammt es von einem weiblichen Tier.

GRENZEN ÜBERSCHREITEN
Viele Säugetiere markieren mit ihrer Losung ihr Revier. Jede Hinterlassenschaft wird zu einem Hinweis, den andere Tiere riechen und sehen können: eine Art Wegmarkierung. Sie legt eine unsichtbare Grenze fest und warnt Eindringlinge: »Achtung, du bist in meinem Revier.« Fuchs und Dachs markieren ihr Revier mit einem Duftstoff. Dieser wird über spezielle Drüsen abgegeben und zusammen mit ihrem Kot abgesetzt.

Losung von Marder und Steinmarder

Mindestens eines der beiden Enden läuft hinten spitz zu. Marderkot bildet einen Ring und riecht leicht nach Lakritze! Den Kot vom Steinmarder findet man häufig auf Dachböden. Man erkennt ihn an seinem abstoßenden Geruch.

Rehlosung

Kleine Haufen schwarzer Kotkügelchen. Jedes Kügelchen hat ein zugespitztes Ende und ist etwa 14 mm lang und 10 mm breit.

Und die Vögel?

Vogeldreck ist mit weißem Urin vermischt und hat keine feste Form. Es ist daher unmöglich, hierfür einen Namen festzulegen!

Igelkot

Enthält Insektenreste. Durchmesser 8–10 mm, Länge 3–4 cm.

Mauswiesel oder Hermelin

Kot in Form einer dünnen, gewundenen Wurst. Das erste Würstchen hat einen Durchmesser von 2 mm, das zweite ist ungefähr 5 mm dick. Die Länge kann 2–5 cm betragen.

Latrine

So heißen die öffentlichen Gemeinschaftstoiletten des Wildkaninchens. Die Kotkügelchen sehen ähnlich aus wie beim Feldhasen, allerdings sind sie kleiner. Sie werden in ziemlich großen Haufen an verschiedenen, genau festgelegten Stellen abgelegt. Diese sogenannten Latrinen befinden sich immer in der Nähe des Baus.

FLEDERMAUS-GUANO ODER MÄUSEKOT?

Breche ein Kotstückchen auseinander. Wenn es sich um Fledermaus-Guano handelt, dann glänzt es, als ob darin Pailletten enthalten wären. Das sind die Überreste von Insekten. Mäusekot glänzt nicht. Beides kannst du auf Fensterbänken, rund um Gebäude und auf Dachböden finden.

Hasenkot

Die kleinen Kotkügelchen des Feldhasen enthalten fest zusammengepresste Grasreste. Sie haben einen Durchmesser von mindestens 1 cm.

GEWÖLLE

Vögel spucken unverdauliche Nahrungsreste in Form von rundlichen Ballen wieder aus. Diese Ballen heißen Gewölle. An ihrer Größe, Form, Farbe und Zusammensetzung kannst du erkennen, von welchem Vogel sie stammen.

JEDES GEWÖLLE IST ANDERS

Die Gewölle von kleinen Vögeln sind winzig. Deshalb fallen sie in der Natur kaum auf. Gewölle von Raubvögeln, Elstern, Krähen und anderen Rabenvögeln, aber auch von Reihern, Störchen und Möwen sind dagegen einfacher zu finden.

Gewölle des Bussards
Enthält kaum Knochen, nur ein paar Knochenstücke. Die Enden sind oft abgerundet und die Haare sind sehr fest zusammengepresst. Am Fuß von Zaunpfählen, Strom- oder Telefonmasten.

DIE BESTEN PLÄTZE ZUM SUCHEN

Viele Vögel haben Lieblingsplätze. Dort ruhen sie sich aus oder lauern ihrer Beute auf. Meistens sind das Masten, abgestorbene Äste, frei stehende Bäume, Zaunpfähle, Mauern und Gebäude. Du erkennst diese Plätze daran, dass sie mit weißem Vogeldreck gekennzeichnet sind. Suche dort auf dem Boden nach Gewöllen.

Tolle Gewölle!
Eulen und Uhus verschlingen ihre Beute am Stück. Ihre Gewölle enthalten deshalb viele Knochen. Oft sind diese sogar noch unversehrt. Pro Tag spucken Eulen und Uhus zwei bis drei Gewölle aus.

Gewölle der Waldohreule
Hellgrau mit einer gleichmäßigen Oberfläche. Du findest sie in großer Zahl am Lieblingsplatz der Waldohreule: Das ist meistens ein Tannenbaum.

Gewölle der Schleiereule
Ziemlich rund, fest und glatt. Wenn sie frisch sind, glänzen sie wie lackiert. Du findest sie oft in großer Zahl in der Nähe von Gebäuden und auf Dachböden.

Tag- oder Nachtraubvogel?
Das ist einfach zu unterscheiden, denn die Gewölle von Tagraubvögeln enthalten im Gegensatz zu den Gewöllen von Eulen und Uhus nur sehr wenig Knochen. Tagraubvögel zerteilen ihre Beute, bevor sie sie fressen. Außerdem wirken ihre Verdauungssäfte besser.

Gewölle von Reihern
Reiher spucken große, feste Gewölle aus. Sie enthalten viele Haare und wenige Knochenstücke.

Gewölle von Rabenvögeln
Sie können je nachdem, was der Vogel gefressen hat, sehr unterschiedlich aussehen und kleine Steinchen sowie Körner-, Pflanzen- und Insektenreste enthalten.

UNTERSUCHUNG EINES GEWÖLLES

Sammle das Gewölle einer Schleiereule ein und untersuche seinen Inhalt.
So kannst du herausfinden, was dieser Nachtraubvogel frisst. Für die Untersuchung
brauchst du eine alte Zeitung als Arbeitsunterlage, eine Pinzette und Zahnstocher.
Lege alle Teile, die du in dem Gewölle findest, auf einem gesonderten Blatt ab
und befestige sie mit etwas Klebstoff. Auch wenn Gewölle kein Kot sind,
solltest du dir danach auf jeden Fall die Hände waschen.

SCHWER VERDAULICH

Vögel haben keine Zähne und können ihre Nahrung deshalb nicht kauen. Außerdem sind ihre Verdauungssäfte zu schwach, um Haare, Federn, Insektenpanzer, Gräten, Schneckenhäuser, Knochen, Schuppen, Kornschalen usw. vollständig zu zersetzen. Deshalb sammelt sich das alles im Kaumagen der Vögel. Dort bildet sich die Kugel, die später herausgewürgt wird. Das Gewölle wird durch den Schnabel ausgespuckt, es hat also überhaupt nichts mit einem Kotballen zu tun.

Aufbewahrung

Gewölle werden schnell von Motten befallen. Wenn du sie aufbewahren möchtest, solltest du sie deshalb am besten mit Haarlack besprühen. Lasse sie trocknen und packe sie dann in dicht verschlossene Gefäße. Denke auch daran, sie mit einem Etikett zu versehen.

SCHÄDELFORMEN

Bei deinen Ausflügen in die Natur wirst du früher oder später sicherlich über einen Knochen oder gar über einen Schädel stolpern! Welchen besseren Beweis könnte es dafür geben, dass ein Tier an diesem Ort war?

RAUBVÖGEL ALS LIEFERANTEN

Die Schädelknochen in den Gewöllen von Nachtraubvögeln verraten dir, welche Kleinsäugetiere in deiner Gegend leben. Vorausgesetzt, du kennst die verschiedenen Merkmale!

Schädel der Waldmaus
Drei Mahlzähne mit Wurzeln.

Schädel von Siebenschläfer, Gartenschläfer und Haselmaus
Vier Mahlzähne mit Wurzeln. Kleines Loch in der Backe. Wenn das Loch fehlt, ist es ein Siebenschläfer. Kürzer als 2,5 cm: Haselmaus; länger als 2,5 cm: Gartenschläfer.

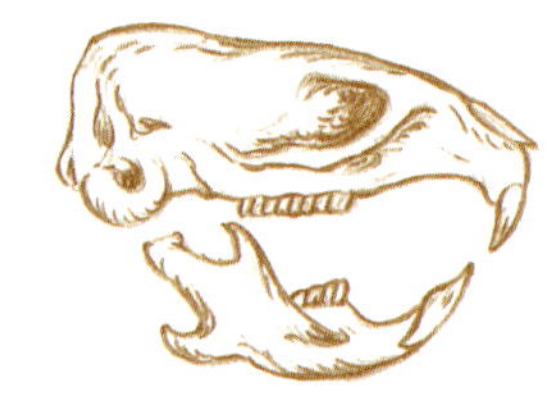

Schädel der Feldmaus
Mahlzähne in Form von Sägezähnen.

Schädel der Spitzmaus
Längliche Form.

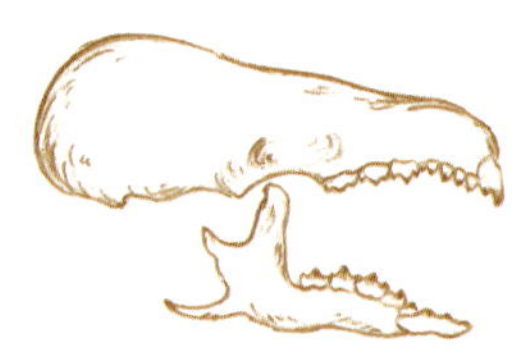

Schädel des Mauswiesels
Kleiner als 4 cm, sehr lang gezogene Form.

Schädel der Fledermaus
Spitzes Gebiss.

Vogelschädel – Froschschädel
Manchmal auch in Gewöllen enthalten.

SCHÄDEL VON FLEISCHFRESSERN

Die Schädel von Fleischfressern erkennst du erstens an ihren großen Eckzähnen und zweitens an einer kleinen Knochenleiste hinten auf der Schädeloberseite. Das ist der sogenannte Scheitelkamm. Er ist je nach Tierart mehr oder weniger gut entwickelt.

Dachsschädel
Je stärker der Scheitelkamm entwickelt ist, desto älter war der Dachs.

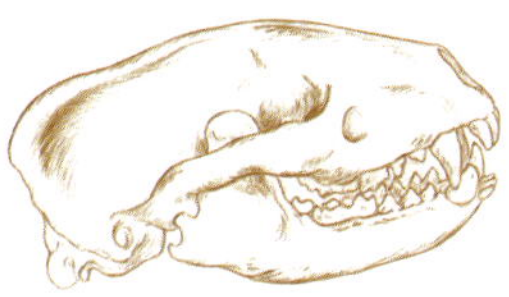

Fuchsschädel
Längliche »aerodynamische« Form, die an einen Sportwagen erinnert.

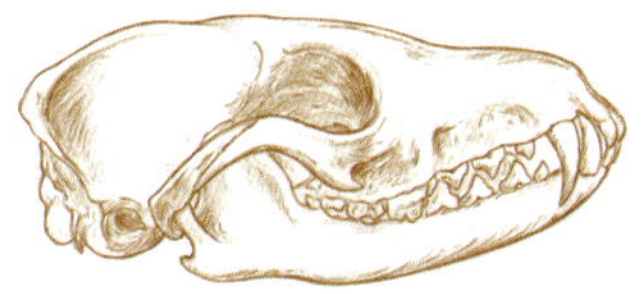

Hundeschädel
Form, die an eine alte Karre erinnert.

Katzenschädel
Rundlicher.

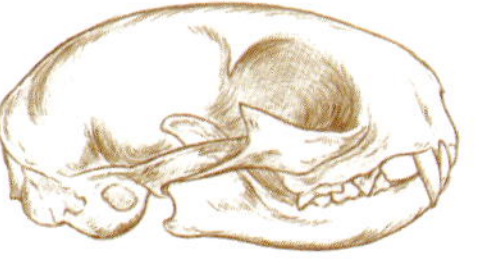

Igelschädel
Hat vorne spitze Schneidezähne.

> **JUNG ODER ALT?**
> Je abgenutzter die Zähne sind, desto älter war das Tier. Manchmal sind die Zähne fast bis zu den Mahlzähnen abgeschliffen. Aber Achtung: Verwechsle die natürliche Abnutzung nicht mit abgebrochenen Zähnen!

FLEISSARBEIT

Bevor du sie zu deiner Sammlung hinzufügst, musst du die Schädel gründlich reinigen. Wenn noch Fleischfetzen an den Knochen hängen, kannst du den Schädel auf einen Ameisenhügel legen. Befestige ihn dabei mit einem Draht an einer geeigneten Stelle, zum Beispiel an einem Ast. Ein paar Wochen später wird er makellos sauber sein! Zweiter Schritt: Weiche ihn 45 Minuten in verdünntem Javelwasser ein. Javelwasser wird zum Bleichen verwendet. Die Mischung solltest du mit einem Erwachsenen vorbereiten: ein Glas Javelwasser auf neun Gläser Wasser. Benutze bei diesem Vorgang Putzhandschuhe. Achtung: Javelwasser hinterlässt Flecken auf der Kleidung.

FORSCHUNGSARBEITEN

Weite deine Forschungen ruhig auch auf Plätze aus, die normalerweise niemand aufsucht: Es kann gut sein, dass du im Dickicht, am Wegesrand oder im Unterholz fündig wirst. Gute Chancen, fündig zu werden, bieten Dachsburgen, und zwar vor allem die Erdhaufen vor den Bauten (siehe Seite 30). Dort kannst du nicht nur Dachsschädel, sondern auch Schädel von anderen Säugetieren finden, zum Beispiel von Füchsen, Rehen, Wildschweinen und Wildkatzen.

MAUSER UND HÄUTUNG

Vögel verlieren jedes Jahr ihre alten Federn und ersetzen sie durch neue. Dieser Vorgang heißt Mauser. Bei Insektenlarven gibt es etwas Ähnliches: Die Larven wachsen, aber ihre Haut kann nicht mitwachsen. Deshalb müssen sie ihre alte Haut abwerfen. Diese abgeworfene Haut heißt Exuvie.

KLEINGETIER

Die größten Chancen, die abgeworfene Haut eines Insekts zu finden, hast du, wenn du Wildgräser und Sträucher sorgfältig untersuchst.

Exuvie einer Heuschrecke

Um sie zu finden, musst du sehr aufmerksam sein, denn sie sind sehr unauffällig.

Exuvie einer Zikade

Im Süden sehr einfach zu finden! Sie liegen unterhalb von Sträuchern und auf Baumstümpfen.

Exuvie einer Wasserjungfer

Die Larven dieser Kleinlibellen leben im Wasser. Sie sehen aus wie lustige kleine »Aliens«, die an den Stängeln der Schilfgräser hinaufklettern, um sich später in anmutige Wasserjungfern zu verwandeln.

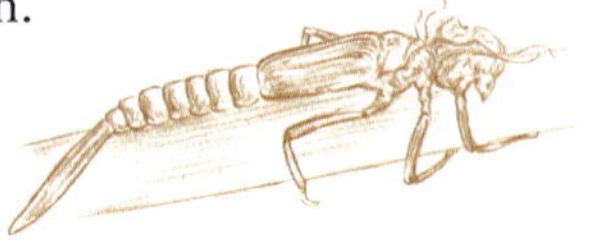

Zauberhülle

Insektenlarven, die eine vollständige Verwandlung mitmachen, bauen sich eine kleine Hülle, in der ihre Verwandlung stattfinden wird. Diesen kostbaren Schatz kannst du einsammeln, wenn die Hüllen später verlassen sind.

Puppe

Eine Raupe verpuppt sich, das heißt, sie umgibt sich mit einer dünnen Hülle. Darin verwandelt sie sich dann in einen Schmetterling. Die ausgewachsenen Insekten heißen »Imagines«. Die sogenannten Puppen sehen je nach Schmetterlingsart unterschiedlich aus.

Tönnchenpuppe

Fliegenlarven heißen Maden. Sie umgeben sich mit einer Hülle, die wie ein Reiskorn aussieht. Darin verwandeln sie sich dann in eine Fliege.

Seidenkokon

Manche Schmetterlinge spinnen sich für ihre Puppe einen Kokon aus Seide. Wenn sie später verlassen sind, kannst du sie einsammeln.

Alte Haut

Wenn sich der Frühling dem Ende zuneigt, kannst du Schilfgras und andere Wasserpflanzen untersuchen: Ganz sicher wirst du darin die abgelegten Häute von Libellen finden.

Häutung einer Libelle

SCHLANGENHÄUTE

Auch Reptilien erneuern ihre Haut, wenn sie wachsen. Oft reiben sie sich an Steinen oder Holzstücken, um ihre zu eng gewordene Hülle abzustreifen. Suche in der Nähe von alten Steinmauern in sonniger Lage nach ihnen. Wenn du eine alte Schlangenhaut gefunden hast, die du aufbewahren möchtest, gehst du am besten so vor: Schneide sie auf der Bauchseite der Länge nach auf. Die Bauchseite erkennst du daran, dass hier die Schuppen am größten sind. Breite sie richtig herum aus und klebe sie auf einen Pappkarton. Notiere alle wichtigen Informationen. Stecke dann alles in eine Klarsichthülle.

ABGENUTZTE FEDERN?

Vogelfedern nutzen sich mit der Zeit ab – ein bisschen so wie ein Autoreifen. Das passiert, weil sie ständig der Reibung mit der Luft, den Ästen und dem Boden ausgesetzt sind. Abgenutzte Federn kannst du einfach erkennen: Ihre Spitzen sind beschädigt, ausgefranst und leicht ausgeblichen.

FEDERN SAMMELN

Sammle Federn und werde dadurch zum Experten. Die Federn müssen schön sauber und ganz trocken sein. Breite die verschiedenen Federn einer Art auf einem Pappkarton aus. Befestige sie mit etwas Klebstoff oder durch Einkerbungen im Karton. Vermerke das Datum, den Fundort und – sofern du dies herausfinden konntest – den Namen des Vogels und den Federtyp.

Feder des Eichelhähers
Mit blauen Streifen.

Feder des Buntspechts
Mit runden weißen Flecken.

Feder der Ringeltaube
Feder mit drei grauen Streifen: dunkelgrau, mittelgrau, hellgrau.

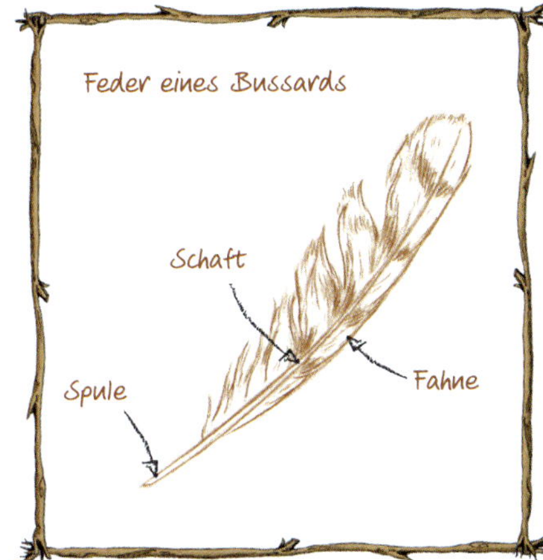

AM UFER

Am Ufer von Bächen, Flüssen, Teichen und Tümpeln trifft Land auf Wasser. Dadurch entstehen immer Gebiete mit einer sehr großen Artenvielfalt. Die Erforschung dieser Lebensräume ist besonders spannend! Hier wirst du ganz sicher viele Spuren von großen und kleinen Tieren finden.

KRÖTE ODER FROSCH?

Sobald die Tage schöner werden, legen Frösche ihre Eier an Teichen und Tümpeln ab. Manchmal kannst du ganze Teppiche voller miteinander verbundener Eier finden. Tipp: Setze dich im März ein paar Minuten in die Nähe, bewege dich nicht und warte still ab. Die Frösche werden sich verhalten, als ob du gar nicht da wärst.

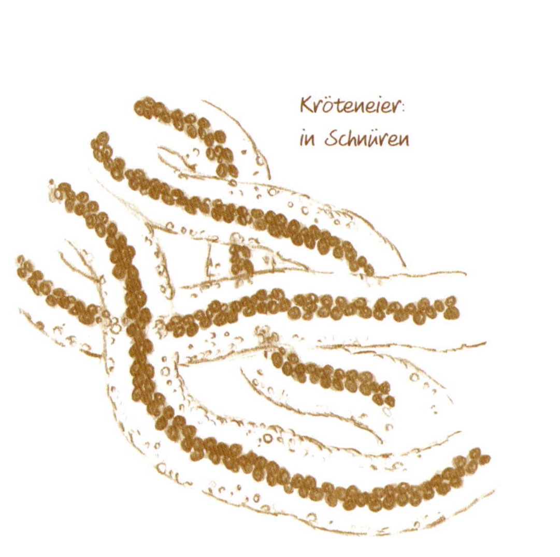
Kröteneier: in Schnüren

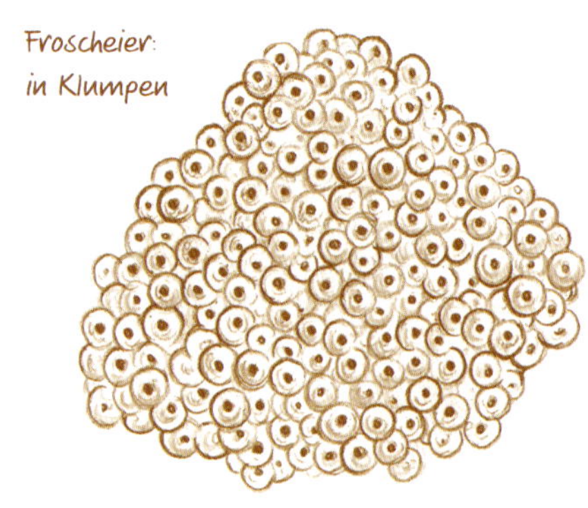
Froscheier: in Klumpen

FALSCHE FÄHRTE

Manchmal kannst du beobachten, wie an der Wasseroberfläche eines Teichs kleine Blasen aufsteigen. Das bedeutet aber nicht unbedingt, dass sich dort ein Fisch befindet. Meistens werden die Bläschen durch ein Gas verursacht, das sogenannte Methan. Es entsteht, wenn sich am Grund die Überreste von Tieren und Pflanzen zersetzen.

KÖCHERFLIEGE

Kennst du schon die Köcher der Köcherfliegenlarve? Das ist eine Art »Schutzpanzer«, den sich diese Larven bauen. Du findest ihn an ganz verschiedenen Plätzen: in Blättern, in kleinen Wasserschnecken, im Kies und in Holzstücken. Die Köcherfliege ist eine Verwandte der Eintagsfliege. Wenn du sie an einem Gewässer siehst, kannst du davon ausgehen, dass die Wasserqualität dort durchschnittlich bis ziemlich gut ist.

BIBERRATTE UND BISAMRATTE

Dass sich diese beiden großen Nagetiere bei uns eingebürgert haben, ist purer Zufall. Ursprünglich stammt die Bisamratte aus Nordamerika, die Biberratte kommt aus Südamerika. Beide wurden wegen ihrer Haut gezüchtet. Dabei sind einige Tiere aus den Zuchtbetrieben entkommen. Heute leben sie fast überall am Ufer von Wasserläufen.

Kot der Bisamratte
Im Frühling gut im Ufergras zu sehen. Er sieht glatt aus, ist 12–16 mm lang und hat abgerundete Enden.

Kot der Biberratte
2–3,5 cm lang. Frische Kotballen sind geriffelt.

Bauten und Wildwechsel

Beide Tierarten graben ihre Gänge direkt in Böschungen hinein. Bei der Bisamratte haben diese Gänge einen Durchmesser von 15 bis 20 cm, die Gänge der Biberratte sind sogar noch größer. Sowohl Bisamratten als auch Biberratten benutzen regelmäßig dieselben Wege. Bei ihren Streifzügen im Wasser und an Ufern hinterlassen sie deutlich sichtbare Wildwechsel.

Abgeschnittenes Schilfgras und Burg

Wenn das Ufer keine Möglichkeit bietet, einen Erdbau zu errichten, baut die Bisamratte eine Behausung aus Schilfgras. Eine solche Bisamburg ist ungefähr 1 m hoch.

OTTERKOT

Der Fischotter ist ein auf den Fischfang spezialisiertes kleines Säugetier. Er wäre fast ausgestorben. Heute findet man ihn aber wieder etwas häufiger in unseren Flüssen. Trotzdem ist er ein seltener Gast. Wenn du also Spuren von ihm findest, dann freue dich: Das bedeutet nämlich, dass das Flusswasser sauber ist.

Die Ausscheidungen des Fischotters heißen Otterkot.

Sie riechen nach Fisch, Flachs und Honig – aber nicht ekelerregend! Die Form ist ungleichmäßig.

Fischreste
Der Fischotter lässt oft ein paar Gräten und einen Teil vom Schwanz am Ufer liegen.

BIBERN AUF DER SPUR

Der Biber ist abgesehen vom Menschen das einzige Säugetier, das in der Lage ist, die Umwelt an seine Bedürfnisse anzupassen. Das Ufer ist ungeeignet, um dort einen Erdbau hineinzugraben? Dann baut er eben eine Burg. Der Wasserspiegel ist zu niedrig? Dann errichtet er einfach Dämme aus Schlamm oder Wälle aus Ästen und Zweigen, damit der Wasserpegel steigt. Wenn die Bedingungen in seiner Umgebung gut sind, lebt ein Biber dort oft ganz unauffällig. Sind die Bedingungen weniger optimal, fällt er schneller auf.

Fraßspuren

Biber ernähren sich von Pflanzen. Im Sommer fressen sie Gräser und Blätter, im Winter Rinde, Äste und Zweige. In der kalten Jahreszeit findest du daher die meisten Spuren.

Baumstumpf in Bleistiftform

Mit Spuren von den Zähnen und einem »Pinsel«.

Baumfällung

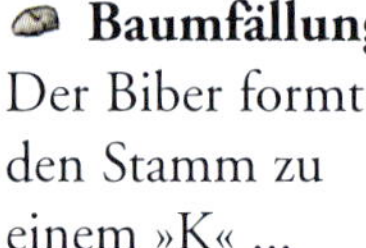

Der Biber formt den Stamm zu einem »K« ...

Holzspäne

Schlaghöhe: höchstens 50–60 cm.

... oder zu einer Sanduhr.

Baumstumpf in Trillerpfeifenform

Schmaler Rand, Nagespuren.

Wenn du an einem Platz eine Ansammlung von Zweigen findest, dann hast du ein »Speisezimmer« gefunden: Es besteht aus kleinen Ästen, die vollständig von ihrer Rinde befreit sind und angeschwemmt wurden. Hier nimmt der Biber regelmäßig seine Mahlzeiten ein. Ein idealer Platz, um sich auf die Lauer zu legen.

Weidentriebe

Weiden sind die Lieblingsbäume des Bibers!
Sie können nämlich nachwachsen, nachdem
sie gefällt wurden. Dabei entstehen rund um
die abgenagte Stelle neue, feine Triebe. Sieh
dir kleine Weidensträucher unten mal genau
an. Man spricht auch von »Biberweiden«.

Biber oder Lausbub?

Wälle, Dämme, abgeschlagene Äste, abgebrochene Zweige: Das alles kann so aussehen, als
ob hier Kinder gespielt hätten. Wenn du die Holzstücke gründlich untersuchst, werden dir
die Unterschiede aber schnell auffallen. Der Biber hinterlässt mit seinen Zähnen deutliche
Spuren. Das sieht ganz anders aus als ein glatter Schnitt mit einem Messer.

Burgen, Rutschrinnen & Co.

Ein Biber hinterlässt insgesamt rund dreißig verschiedene Spuren. Wenn sie nicht durch
neue Weidentriebe verdeckt werden, lassen sich die folgenden Spuren am besten erkennen:

Burg und Wall

Die Burg ist ein kuppelförmiger Bau
aus entrindeten Ästen und Teilen von
Rundstämmen, Blättern und Schlamm.
Die Wälle bestehen aus den gleichen
Materialien. Sie weisen immer die
berühmten Bissspuren im Holz auf.

Rutschrinne
Zugangsrampen an
der Uferböschung,
Kratzspuren.

Erdbau
Biber graben Erdhöhlen in die Uferböschung.
Manchmal versehen sie den Eingang und den
Luftschacht mit Rundstämmen.

Wildwechsel

Die niedergetrampelten Wege sind
30 bis 80 cm breit. Durch die ständige
Benutzung können sich die Wildwechsel
mit der Zeit in Wasserstraßen verwandeln.
Biber legen übrigens auch Gräben
und Kanäle an, um sich in ihrem Revier
fortzubewegen.

GESCHÜTZTE ART
Der Europäische Biber wurde früher
unter anderem wegen seines Fells
gejagt und wäre deshalb Anfang des
20. Jahrhunderts fast ausgestorben.
Seitdem er vor 100 Jahren unter
Schutz gestellt und wieder eingebürgert wurde, haben sich die Bestände
dieses großen Nagetiers wieder
erholt. Vielleicht ist er ja auch in
deiner Nähe wieder zurückgekehrt?

RÄTSEL

Für neugierige Köpfe hält die Natur immer wieder neue faszinierende Entdeckungen bereit. Wer hat denn das gemacht? Und warum? Und wie? Wenn du dir bei deinen Erkundungsausflügen diese Fragen stellst, stehst du vor vielen Rätseln.

KLEINE RÄTSEL FÜR GROSSE DETEKTIVE

Merkwürdig, rätselhaft, lustig, logisch, ungewöhnlich, wunderschön: Manche Vorgänge in der Natur sind kompliziert. Sie können nur von erfahrenen Naturforschern erklärt werden. Es gibt aber auch kleinere Rätsel, die relativ einfach zu lösen sind.

Das Rätsel der gelochten Blüte

Woher stammt das kleine Loch in der Blumenkrone der Beinwellblüte?

Blüten enthalten Nektar. Dieser wird von Insekten gesammelt. Aber nicht jede Blüte und jeder Nektar sind für alle Insekten gedacht! Beinwellblüten haben sich speziell auf Insekten mit einem langen Saugrüssel eingestellt. Unter den Insekten mit zu kurzem Saugrüssel gibt es nun kleine Schlauberger, die einfach Löcher in die Blumenkrone beißen. So verschafft sich zum Beispiel auch die Dunkle Erdhummel eine Abkürzung, durch die sie mit ihrem Saugrüssel an die kostbare süße Flüssigkeit kommt. Ein offensichtlicher Einbruchdiebstahl!

Das Rätsel um die Katzenpfote

Wie kommt denn so etwas: ein Fußabdruck von einer Katze mit fünf anstatt vier Fingerballen? Du bist eigentlich fast sicher, dass es sich um den Fußabdruck einer Katze handelt? Er ist schön rund und man sieht keinen Krallenabdruck? Aber du weißt auch, dass bei einer Katze nur vier Ballenabdrücke zu sehen sind. Und hier siehst du fünf Finger? Tatsächlich hast du es hier mit einer Katze zu tun! Sie hat ganz einfach ihre Hinterpfote genau in den Abdruck der Vorderpfote gesetzt und dabei einen fünften Fingerabdruck hinterlassen.

MYTHOS, LEGENDE ODER WIRKLICHKEIT?

Wenn man gemütlich beim Kaminfeuer zusammensitzt, werden oft rätselhafte Geschichten erzählt. Manche von ihnen sind bis heute nicht richtig aufgeklärt. Woher kommen sie? Warum gibt es sie? Es bleibt geheimnisvoll.

Spuren im Schnee

In den Bergen, genauer gesagt in Nepal, erzählt man sich die Legende vom großen Schneemenschen. Manche nennen ihn auch Yeti, Big Foot oder Migu. Angeblich wurden seine Fußabdrücke im Schnee gefunden. Sind das nur spinnige Erzählungen von Bergsteigern, die in den Bergen verrückt geworden sind? Oder ist etwas Wahres daran?

Moderne Kunst

Was ist das denn für ein komischer Baumstamm?

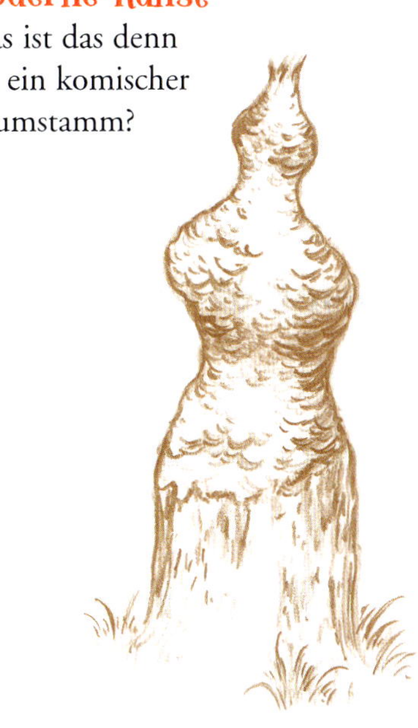

Normalerweise bearbeiten Biber Baumstämme so, dass sie später aussehen wie ein gespitzter Bleistift. Ein Biber kann mehrere Monate brauchen, um einen Baum zu fällen. In kalten, schneereichen Gegenden kann es vorkommen, dass der Biber mit seiner Arbeit beginnt, wenn der Boden von einer dicken Schneedecke bedeckt ist. Dieser komische Baumstamm ist entstanden, weil der Biber seine Arbeit fortgesetzt hat, nachdem noch viel mehr Schnee gefallen war!